稲川照芳 著

欧州分断の克服

外交現場からの手記

信山社

はじめに

二〇〇六年一〇月二三日、ハンガリー革命五〇周年を迎えた日、私は日本政府を代表して、ハンガリー革命の犠牲者で、処刑された当時のハンガリー首相イムレ・ナジの墓前にお参りし、花輪をささげた。一九六八年に外交官として歩み始めて、これが最後の任務となった。

その数日前、当時の生き残りの一人の案内で、ブタペスト郊外にある、ルーマニアから連行されたナジその他の人々が最後の日々を過ごし、そして処刑されたかつての刑務所を訪れ、処刑台を含めた現場を見る機会を持った。白い刑場の様子を見た瞬間は、厳粛なものであった。その緊迫感と緊張のあまり、眠れない夜が続いたほどであった。

ナジは一九八八年に名誉を回復し、それが、一九八九年一一月九日のベルリンの壁崩壊につながる、東西冷戦の終了の先駆けであった。

私は、ドイツに五度にわたって勤務し（ボンに二度、ベルリンに二度、デュッセルドルフに一度）、チェコスロヴァキア（当時）、オーストリア、ハンガリーにも勤務するという、日本の外交官としては稀有な経験をさせていただいた。あくまでも一人の外交官として、戦後の欧州分断が克服され、ドイツの統一を中心にした冷戦終結への道のりについて、自分の見たこと、思ったこと、さらには歴史家の記録などを書き記しておくことはそれなりに意味のあるものであることに長い熟慮の末、思い至った。

特に、二〇〇九年に日本で政権交代が起こり、新政権の政策は注目されたが、一〇年秋には、中国が日本の固有の領土たる尖閣列島の領有権に挑戦する動きを見せ、ロシアは日本の固有の領土たる北方領土の一部に大統領が訪問するなど日本外交も新たな挑戦にさらされている。そうした時期にあって、同じように敗戦の時を経て、米国との強い同盟関係を維持し、フランスをはじめとする西側への統合、ソ連・東側との和解、そして国家の統一を果たしたドイツ、「ベルリンの壁崩壊」と東西冷戦の終結を導き、西欧との分断を克服して欧州への復帰を果たした中・東欧諸国のたどった道のりを振り返って、再考するのも意味のあることではないかと思う次第である。

本年二〇一一年は、ドイツの前身であるプロイセン王国が日本（当時の江戸幕府）と外交関係を結んでから一五〇年になる。また、東日本大震災、東京電力福島第一原発の事故を含め政治の混迷の中で、改めて将来の日本の在り方が問われている。この機会に、改めてこれからの日本の外交——同盟関係、近隣諸国との関係、グローバルな課題、政治指導者の姿勢など——を考えるうえでも、戦後のドイツ始め中欧諸国の辿った軌跡とその背景に思いをはせるのもいいのかもしれない。

なお、本書は、「欧州分断の克服」を中心に、ベルリンの最後の総領事として月刊誌中央公論一九九九年一〇月号に寄せた論文「ベルリン首都移転の意味するもの」、およびその後に南米ウルグアイ駐在大使となった筆者が、最初ベルリンの日本帝国大使館が立っていた通りがグラーフ・シュペー通りであったことと五〇年前ドイツ軍人の中には人道的に行動した立派な軍人がいたことを、ウルグアイでのドイツ人たちとの交遊で知ったことを記して日独協会機関誌「Die Bruecke」（二〇〇〇年五月号）に寄稿した「ラ・プラタ海戦記」、および、二〇〇四年六月にハンガリー在住日本人を対象にした雑誌「ドナウの四季」に掲載された「中欧散文」に若干加筆・修正したもの、さらに「西ドイツ留学、ドイツ・中欧在勤中に思ったこと」からなる。「欧州分断の克服」は、本年、日独友好協会機関誌「Die Bruecke」に特別寄稿として連続一〇回にわたって掲載中のものである。幸い好評であるのでこれを加筆・修正し、まとめたものであることを付記しておく。本稿では、筆者が勤務したドイツ、ハンガリー、チェコスロヴァキア、オーストリアの戦後の発展を中心に、更に欧州の東西関係を考える上で不可欠であったポーランドの発展についても触れておいた。したがって、学問的に、中欧の概念を規定していないことをお断りしておく。もちろん、戦後のドイツあるいは中欧の歴史については、諸先輩たちや同僚、後輩たちの立派な見解など、小生とは異なった解釈もあろうと思う。本論は、あくまで一日本人外交官の見たドイツ統一などに関する個人的な見方であって、もちろん外務省の見解ではないことを念のため申し添えておく。

最後に、この本の出版にあたって貴重な助言をして頂いた信山社の渡辺左近氏、写真提供で協力してくれた在京ドイツ、オーストリア、ハンガリー大使館の友人に深く感謝したい。

二〇一一年九月

稲川照芳

目　次

目　次

I

欧州分断の克服

――戦後の冷戦とその克服、ドイツ・中欧諸国の貢献

一　プロローグ——第二次世界大戦前夜

(1)　ドイツのオーストリア併合

一九三八年二月一二日、ドイツ総統アドルフ・ヒットラーは、ベルヒテス・ガーデン郊外のオーヴァー・ザルツブルク山荘にオーストリア共和国首相のシュシュニックを呼び出し、最後通牒を行った。それは、オーストリアのナチス党員のインクヴァルトをオーストリアの内務大臣に任命すること、オーストリアの外交をドイツのそれに合わせるべし、というものであった。「ドイツ」民族であるオーストリアは第一次世界大戦でドイツとともに戦い、ともに敗れた。その平和条約であるヴェルサイユ条約でドイツとの合併を禁じられていたが、オーストリアはドイツと一体になるべきだというのがヒットラーの言い分であった（オーストリア人の中にはこれに呼応する意見があった）。

三月一二日ドイツ軍にオーストリア侵攻の命令が下され、翌一三日オーストリアのリンツにおいてヒットラーはオーストリア併合を発表した。ドイツ軍は破竹の勢いで進軍し、沿道では民衆の歓呼に迎えられ、ウィーンに入った。一五日には、ヒットラーはウィーンのホーフブルク（王宮）のバルコニーで演説し、群衆は大歓呼でこれに応えた。

七〇年以上も前の一八六六年に、オーストリア帝国はプロイセン王国にプラハ郊外のケーニヒ・グレーツの戦いで敗れ、これによってオーストリア主導の大ドイツ主義の構想は破たんし、プロイセンの主導する小ドイツ主義となった。オーストリア帝国は、ドイツとは別の道を歩み、それ以降はオーストリアはハンガリー（当時ハンガリーはオーストリア帝国からの独立を目指していたが）と「妥協」（一八六七年）し、オーストリア・ハンガリー二重帝国の樹立となった。しかし、バルカン半島の覇権を巡るオーストリアとセルビアの対立がドイツとロシアの対立をもたらし、遂に第一次世界大戦に結びついたのである。

オーストリアとドイツはこうしてヒットラーにより一体化された。

(2)　ズデーテン地方の割譲とチェコスロヴァキアの解体

次にヒットラーが狙う標的は、チェコスロヴァキア内のズデーテン地方のドイツへの割譲であった。

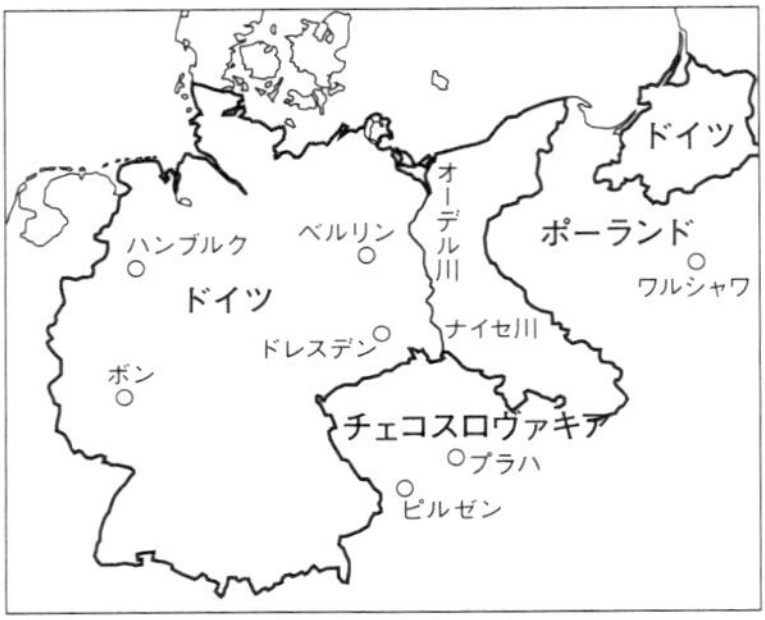

1937年当時のドイツ帝国

一九二〇年当時、ドイツ人はチェコスロヴァキア人口の二八％を占めていた。中でもドイツ人が人口の五〇％以上を占めていたのが、ズデーテン地方である。ヒットラーにしてみれば、ドイツとの国境に近いこの地方のドイツへの併合は、ゲルマン民族のレーベンスラウム（生存圏）拡大の格好の要求であった。

一九三八年、当時の英国の保守党内閣は首相チェンバレンの下に、ヨーロッパにおける戦争を回避し、アジア・アフリカの植民地を維持し、世界に冠たる大英帝国の栄光を守ることが重要であった。このために英国はドイツ・ヒットラーに対して「融和政策」を取っていた。

一九三八年九月一二日、ドイツ・ニュルンベルクのナチス党大会で、ヒットラーがチェコスロヴァキアに対して武力行使をほのめかして威嚇した。一四日、チェンバレンはオーヴァー・ザルツブルク山荘にヒットラーを訪ね、会談し、ズデーテン地方のドイツへの併合を検討することを約束した。ジョゼフ・チェンバレンから通報を受けたフランスの急進

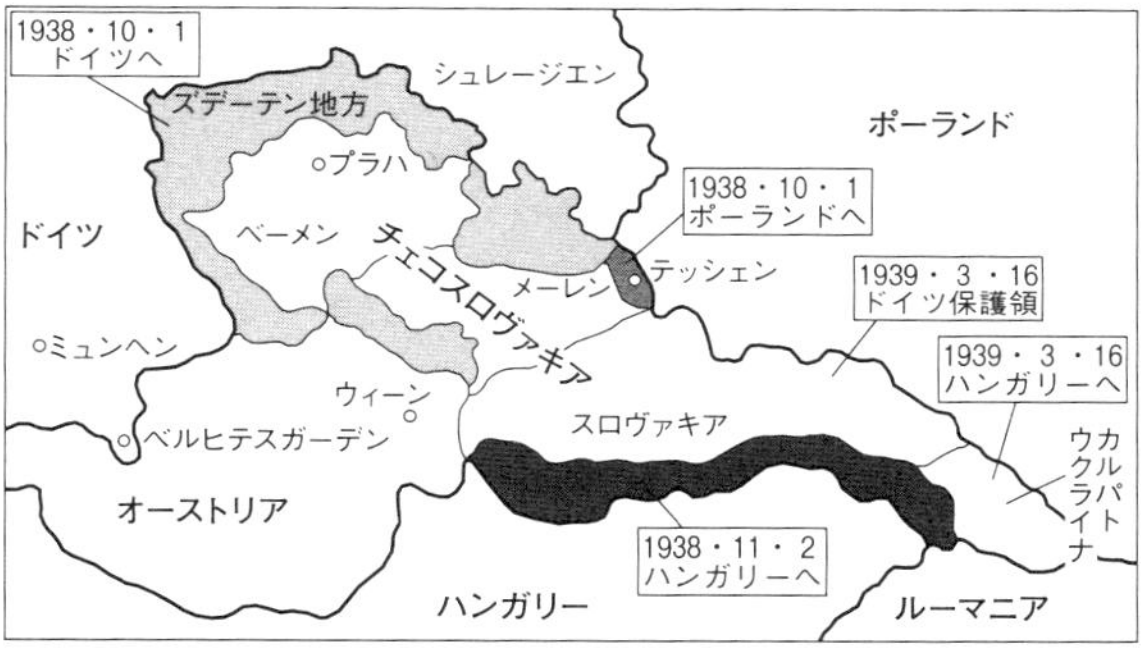

ミュンヘン協定によるズデーテン地方などの併合

社会党ダラディエ内閣はチェンバレンの方針を支持した。これを受け、英仏両国政府はチェコスロヴァキア政府に圧力をかけたので、チェコスロヴァキア政府はこれに同意せざるを得なかった。さらに、チェンバレンはライン川河畔でヒットラーと会談したが、ヒットラーはドイツ国防軍のズデーテンへの進攻に固執した。これに対してチェコスロヴァキアのベネシュ大統領は自国の総動員体制の発動で応酬した。ヒットラーは九月二六日、ベルリンで、ズデーテン・ラントが自分のヨーロッパにおける最後の領土要求であることを約束した。九月二八日、ドイツの最後通牒の期限が切れる前に、イタリアの宰相ムッソリーニが仲介を申し出た。そして二九日、ヒットラー、チェンバレン、ダラディエ、ムッソリーニがミュンヘンで会談し、ドイツへのズデーテン割譲が決定された。ミュンヘン会談には、チェコスロヴァキア政府は参加していない。すなわち、チェコスロヴァキアは西側大国の犠牲者であった。チェンバレンは帰国後、ロンドンの空港において、「ヨーロッパの平和は救われた」と誇らしげに声明した。

しかし、ヒットラーの要求はズデーテンのドイツへの割譲にとどまらず、さらに、チェコスロヴァキア国家のドイツの保護国化・解体に向かった。ベネシュ大統領は辞任し、スロヴァキアはヒットラーの指示のもとに自治領となり、その南部の一部およびカルパト・ウクライナは、ドイツ・イタリアによる第一次ウィーン裁定（一九三八年一一月。第一次世界大戦の結果、ハンガリーはチェコスロヴァキアにスロヴァキア地方の一部を、ルーマニアにトランシルバニアを、ユーゴースラビアなどに領土の三分の二を割譲させられたが、それを不満として、失った領土の回復を希望していた。それをドイツなどがサポートしたのである。裁定は二度にわたって行われた）によってハンガリー領となり、さらにチェコスロヴァキアはポーランドにも領土の一部を割譲しズタズタに切り裂かれた。また、モラビアとボヘミア地方北部はドイツの保護国となり、こうしてチェコスロヴァキアは解体されてしまった。

(3) ハンガリー占領

ハンガリーは第一次世界大戦にオーストリア・ハンガリー二重帝国の一員として参戦し、そして敗れた。一九二〇年六月、ベルサイユ宮殿の一角にあるトリアノン宮殿での平和条約によって、ハンガリーは領土の三分の二を失った。すなわち、東部のトランシルバニアはルーマニアに、北部のスロヴァキアの一部はチェコスロヴァキアに、南東部のボイボティーナはユーゴースラビアにである。第一次世界大戦後のハンガリーは、保守的なホルティー摂政の下で、王権の回復と失った領土の回復に勢力を注いだ（前者については、ハンガリー王国を再興して、一人の英国人を持ってきてハンガリー国王に据えようとする動きもあった）。

ハンガリーは当初ドイツ一辺倒の外交政策をとることを避けてきたが、ドイツがオーストリアを併合した後、ドイツの努力の下で第一次ウィーン裁定によって、スロヴァキア南部の一部とカルパト・ウクライナの領土を回復できたことから、ドイツへの傾斜を強めた。それでもハンガリーは、ドイツがポーランドに侵攻したとき、それに加わらなかった。むしろハンガリーは、ドイツ軍がポーランド侵攻のために自国領の通過するのさえ拒み、逆にポーランド人を自国に迎えたほどであった。

しかし、一九四〇年八月の第二次ウィーン裁定によって、ハンガリーはトランシルバニアをルーマニアから割譲されることになり、その親独的な傾向はますます強くなっていった。ヒットラーのユーゴスラビア侵略に当初賛成できなかったハンガリーはこれに抵抗するテレキ首相の自殺を招来するほどであったが、結局はドイツに協力していった。ハンガリーの経済と国防は次第にドイツの戦争体制の中に組み入れられ、また、内政もサーラシを筆頭とする矢十字党の極右政治に傾いていった。一九四〇年一一月、ハンガリーは三国防共協定の一員に加わり、枢軸国側になった。そして、一九四一年六月、英国がハンガリーに宣戦を布告し、ハンガリーはドイツ、イタリア、日本とともに第二次世界大戦を戦うことになった。

第二次世界大戦末期の一九四四年三月、ヒットラーはハンガリーを占領することを決意し、ハンガリーは遂にドイツに占領された。この頃すでに、ソ連赤軍はハンガリー東部に達せんとしており、ドイツ軍の敗北は時間の問題であった。一九四五年に入って、首都をめぐる戦いは激しさを増し、ブタペストのドナウ川に架かる橋（有名な「鎖橋」もその一つ）も破壊され、ドイツ軍は右岸のブダ側に籠り最後の抵抗を試みた。戦闘がいかに激しかったかは、今もブダ城の壁にみられる沢山の銃痕から想像される。

(4) 独ソ不可侵条約から第二次世界大戦勃発へ

一九三八年一〇月、ドイツはポーランドに対して、ダンチッヒ（ポーランド名グダニスク）のドイツ編入を要求していた。そしてオーストリアを併合し、ズデーテン地方の割譲、チェコスロヴァキアの解体・保護国化、ハンガリーへの影響力強化（そしてのちに占領）を実現したドイツの要求はいよいよ強烈になり、ポーランドがヒットラーの次の標的になってきた。ポーランドの内政は混沌としていた。

ヒットラーの戦略は、ドイツが、ソ連と西側諸国との二正面作戦を回避し、時間を稼ぐことであった。

こうした中で世界を驚かせたのは、一九三九年八月二三日、モスクワにおいてドイツ外務大臣リッベントロープと政治局員からソ連の外務大臣になったモロトフが、独ソ不可侵条約を締結したことであった（この独ソ不可侵条約では、一〇年間にわたって両国はすべての攻撃的行為を慎むこと、条約締結国の一国がある国と戦争状態になった場合、第三国を他方の条約締結国はいかなる方法によっても援助しないこと、条約当事国はいかなる同盟関係に加わらないことを約していた）。因みに、ソ連に圧力を掛けて、ドイツとともに東西からソ連を牽制せんとしてドイツとの提携に意欲的になっていた日本は、この知らせに「欧州情勢は複雑

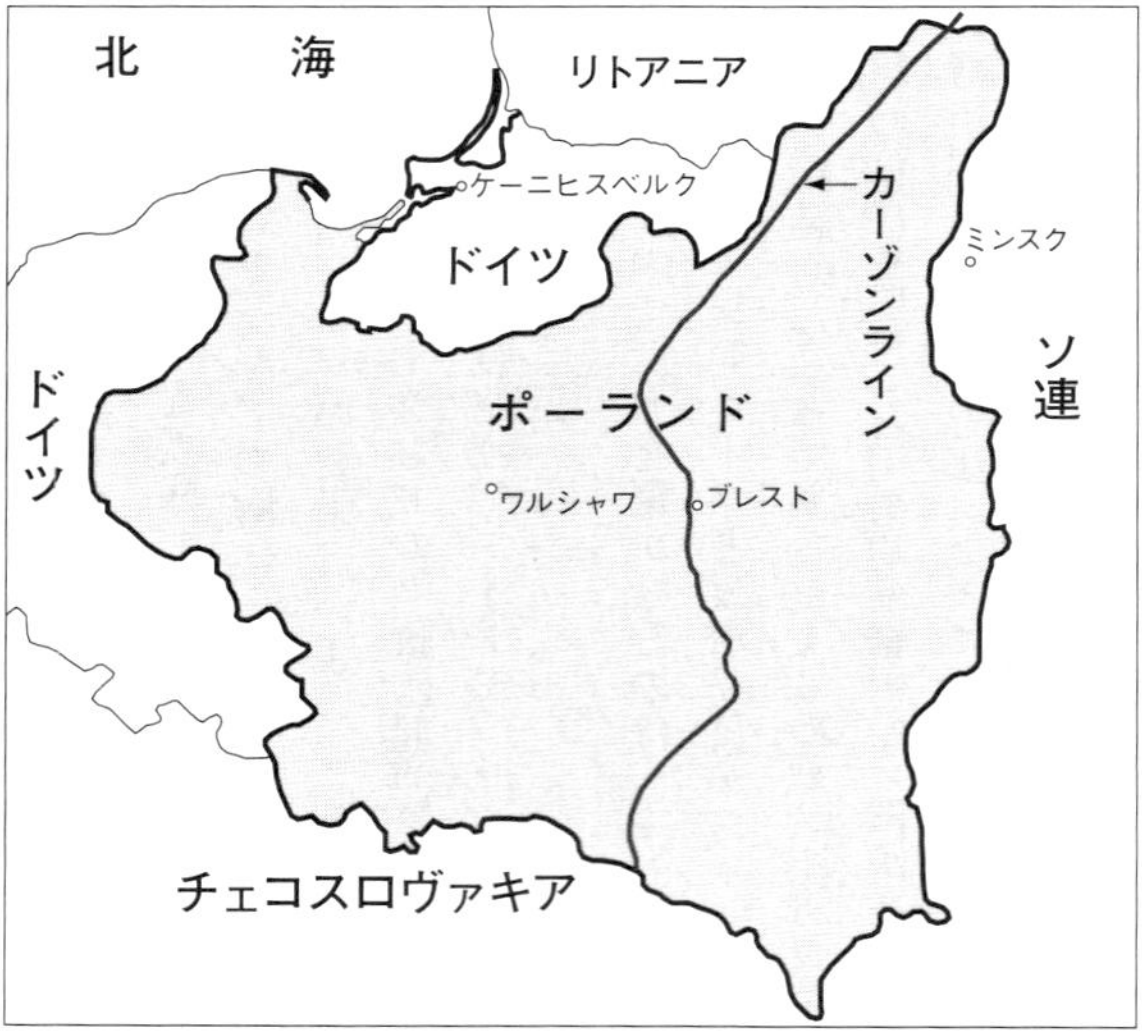

1939年8月23日の独ソ不可侵条約秘密議定書による独ソ勢力圏

怪奇」と言って、平沼内閣が総辞職する始末であった。世界に明らかにされなかったのは、秘密の付属議定書の中で、ポーランドに関し、東部はソ連（一九二〇年当時、英国外務大臣カーゾンから、ポーランド東部とソ連西部の境界として提案された、所謂カーゾンラインに沿って）、西部はドイツの勢力範囲（Interessensphaere）であることを約したことであった。

（因みに、ソ連のヨーゼフ・スターリンはドイツ敗戦後の一九四五年七月のポツダム会談において、ポーランドの西部国境線がオーデル・ナイセ線であるべきことを要求している。ソ連のそ

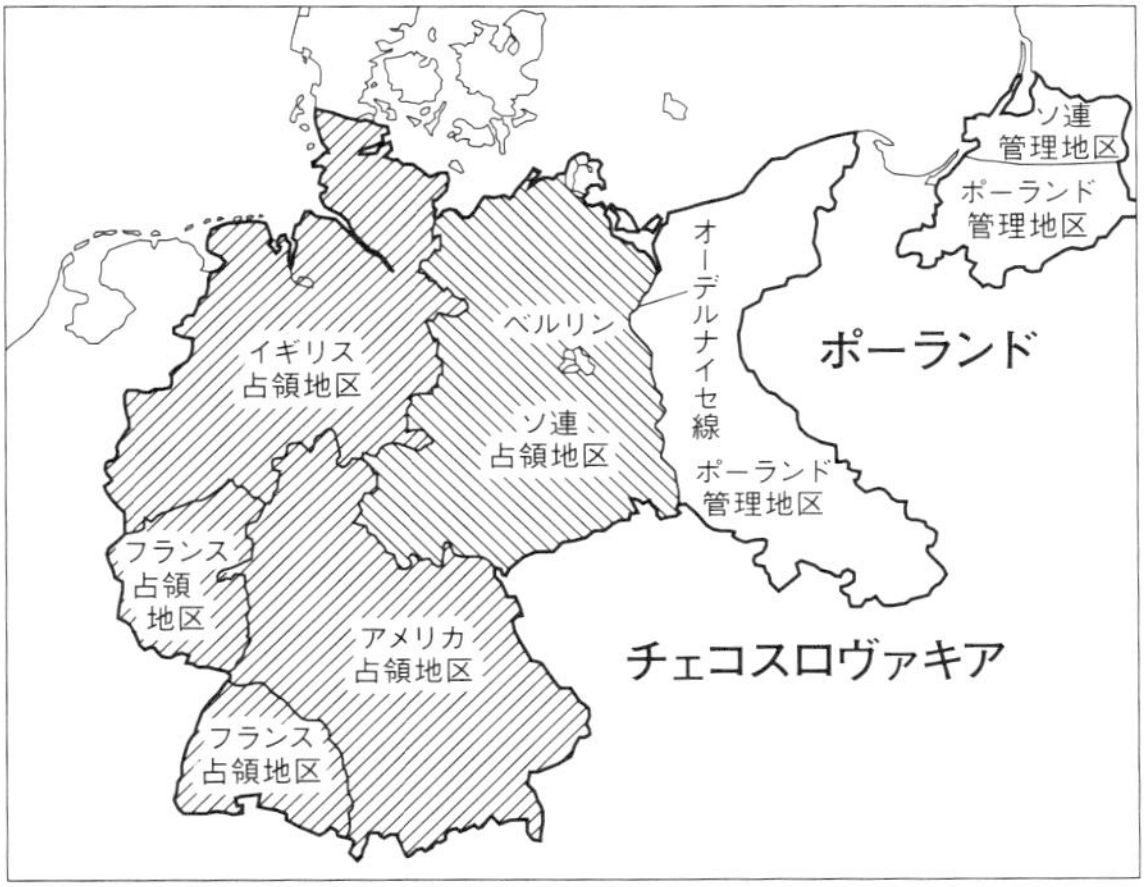

1945年８月のドイツ分割占領体制

- 西側占領地区とベルリンの西側管理地区（1949年以降はドイツ連邦共和国）
- ソ連占領地区とベルリンのソ連管理地区（1949年以降はドイツ民主共和国）
- ポーランドおよびソ連管理下のドイツ東部地区

の主張の根拠は、戦争前の独ソ不可侵条約の秘密の付属議定書で、ソ連がポーランドの犠牲のもとにポーランドの東部を自国に編入し、その代わりにポーランドの西部国境をオーデル川・ナイセ川――所謂オーデル・ナイセ線――にまで西にずらしたことにある。そして、戦後ポーランドと東ドイツはゲルリッツ条約〔一九五〇年〕によって、オーデル・ナイセをポーランド西部国境線とした。）

一九三九年九月一日、かくしてドイツ軍はポーランドに侵入し、三日、英国とフランスはド

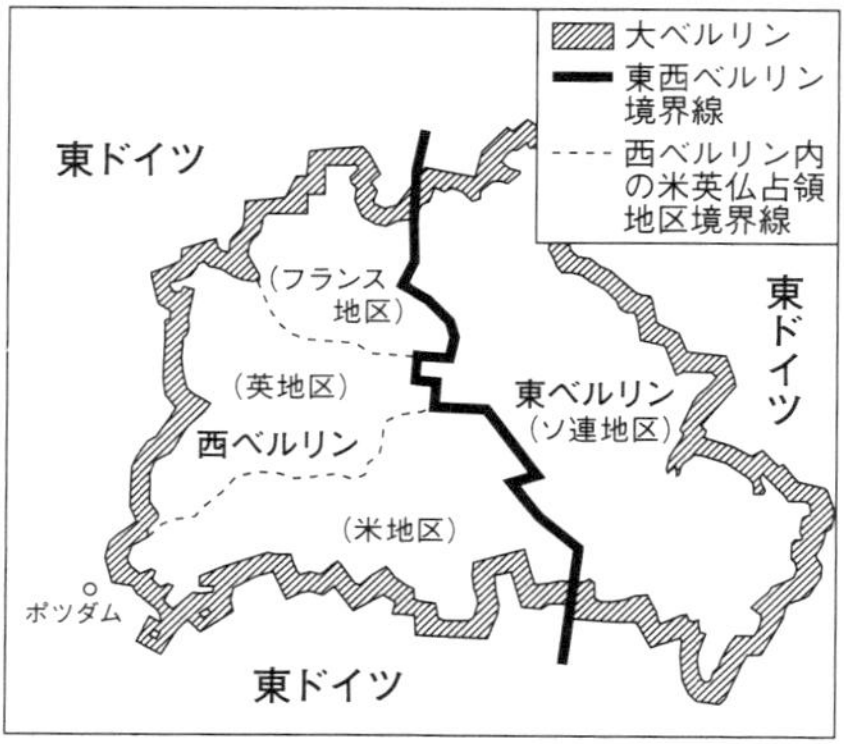

ベルリンの分割占領体制

イツと戦争状態になり、ここに第二次世界大戦が始まった。

二　戦後（西）ドイツの初代首相コンラート・アデナウアーの政策

ドイツの敗戦がまじかに迫った頃になってベルリン郊外の強制収容所から出されて、ライン地方のレーンドルフ（ボン郊外のライン川にかかる有名な「レマーゲンの橋」の少し下流にある街）の自宅で待機していたアデナウアーを、終戦後米国はケルン市の市長に任命した。

ドイツは終戦後、米・英（後にフランスが占領国に加わった）西側占領地区とソ連占領地区に四分割、首都ベルリンは四つ（英・米・仏・ソ）の占領国によって共同管理されることになった。そしてドイツは、日本と違って占領国の直接軍政下におかれた。

一一月、アデナウアーは、西ドイツ地区占領軍の英国占領司令官によって解任されるが、その後、英国地区（北部ドイツ、西部ドイツ地域）の被占領地区責任者（Zonenbeirat）として占領軍との折衝にあたった。

彼の努力目標は、（西）ドイツの被占領状態を一刻も早く終了させ、主権を回復することであった。そのために、ソ連の脅威を逃れ、これまで一〇〇年間に三回にわたって戦争を行ったフランスと和解・提携・協力し、西側への統合を進め、その上でドイツ再統一を達成することであった。

(1) フランスとの和解への努力

コンラート・アデナウアー
（ドイツ通信提供）

フランスの対独不信感は強く、アデナウアーは非常に苦労する。当初フランスは、ライン河左岸の地域をドイツから切り離そうとしたり、ルール地方に特別のステータスを与え、ドイツから独立した機関に管理させようとした。フランスが最後まで固執したのは、ザール地方のフランスへの編入であった。アルザス・

ロレーヌ・ルール地方の豊かな石炭・鉄鋼は、ドイツが戦争を遂行するために重要なものであった。それだけにフランスは、ドイツが復讐のための戦争を引き起こさないように、これらの地域について何らかの国際的管理が必要であることを主張した。

しかし、フランスと提携して主権を回復した後は、平等な権利のもとに欧州の統合を進める、という強い信念をアデナウアーは持っていた。

(2) ドイツ連邦共和国（西ドイツ）の成立

内政に於いては、（西）ドイツの経済を復興させ、それを西側欧州の復興と一体化させ、（東）ドイツや東部ドイツからの避難民、復員してくる兵員を社会に統合する必要があった。これは、（西）ドイツ社会を安定させることにもつながっていた。

一九四八年、インフレを抑えるために（西）ドイツで実行されたRM（ライヒスマルク）からDM（ドイツ・マルク）への通貨改革、それに対抗するソ連・（東）ドイツによる約一年にわたるベルリン封鎖、これに対して行われた米国を中心とする西側の大空輸作戦を経て、一九四九年五月ドイツ連邦共和国（西ドイツ）が発足した（同年一〇月、ドイツ民主共和国〔東ドイツ〕が成立）。

これに先立ち西側（米・英・仏）占領地域では、占領各地のドイツ人からなる議会協議会（Parlamentarischer Rat）が一九四八年九月、「基本法」（憲法）を検討するために発足し、アデナウアーがその議長に選ばれた。議会協議会は、それに先立って八月、ミュンヘンの南東ヘレン・キームゼーで基本法（暫定的憲法）の予備的会議を持っていた。

「基本法」の基本原則は、(イ)あくまで全ドイツ国民による自由な選挙で選んだドイツ政府の下で、ドイツ統一がなされ、その際に全国民による国民投票によって採択されるべき憲法に備える暫定的な性格であること、(ロ)ワイマール共和国がヒットラー独裁を導いたという痛烈な反省の下に、強い中央政府を回避して、地方に強い権限を与えるべく新しいドイツ連邦共和国は連邦制にすべきこと（特にフランスはこれを強く希望したという）、(ハ)大統領は、真に国を代表するだけの弱い権限にとどめること、(ニ)首相の権限を強め、国会が簡単に首相を変えることのないよう「建設的不信任案」（連邦議会は、後任の首相を提示できる時に限り、現在の首相に対する不信任案決議を提出できる制度）の規定を盛り込むこと、(ホ)民主主義に反対する政党の設立に反対することを明確にすること、であった。

占領軍の意見も踏まえて、修正した上で、基本法は、一九四九年五月八日に採択、二三日に公布された。バイエルン州は反対したが、議会協議会の三分の二の多数が賛成したので、基本法は採択された。そのほか、議会協議会は、首都を、暫定的なものとしてボンに決定した（ドイツ社会民主党〔SPD〕は、フランクフルトを提案した）。

ところで、一九五〇年に勃発した朝鮮戦争は、政治的にも、経済的にも西ドイツにとって重要であった。まず政治的には、アデナウアーがかねてから内外に警告していたソ連・共産勢力の危険性を浮き彫りにし、西ドイツの安全保障の必要性を世界に訴えせしめた。当時、ソ連は東ドイツの人民警察を強化し、軍隊並みに強い警戒態勢をしいていた。これに対し西ドイツは実質的に西側連合国軍に守られており、自分自身の軍隊は持っていなかった。アデナウアー首相にとってはこれでは不十分であり、最初、彼は国境警察の創設、さらに連邦軍の創設を要求していった。もっとも、彼は、西ドイツの軍隊は西ヨーロッパの軍に統合され、その中での平等性を唱えた。そういう意味で、後にフランスから提案された欧州石炭鉄鋼共同体構想や、欧州防衛共同体構想は、まさに彼の考えに符合するものであった。しかし、当時の西ドイツ世論は、自由を享受することには賛成でも、兵役の義務を負うことには反対（私はごめんだ！）で、国防軍を創設する構想は極めて不人気な政策であった。

経済的には、朝鮮戦争がもたらした特需は、西ドイツ経済の奇跡的復興を達成するのに寄与した。西ドイツの資本財が望まれたのである。

(3) 欧州石炭鉄鋼共同体(ECSC)の成立

一九五〇年五月九日、フランス外相ロベール・シューマンの使者が、彼の書簡と共に突然ボンに現れた。その書簡の趣旨は、当時フランスの閣議で話題となっていた仏独の石炭・鉄鋼を欧州の数カ国で構成される超国家機関にゆだねることについて、アデナウアーの意見をききたいとするものであった。これは、かねがねアデナウアーが抱いていた構想と一致するものであり、彼はシューマンに即座に賛成した(その後判明したところによると、英国はフランスから最初の打診に対し、やんわりと拒否した由である)。この構想は、イタリア、ベネルックス諸国の賛同を得て、一九五一年四月欧州石炭鉄鋼共同体として発足し、その後の欧州統合の進展へ先鞭をつけた。

これと同時に、西ドイツはヨーロッパ審議会に加盟することを決定した。この機構に加盟することは、西ドイツが西ヨーロッパに回帰する重要な一歩であった(ヨーロッパ審議会への加盟についても、ザールと西ドイツが同格で加盟するかどうかで、ドイツとフランスで意見を異にした経緯がある。フランスはザール地方をフランスの一部として扱いたかったが、ザールの地位は将来の対独平和条約で決定されるという了解で、とりあえずザールは準加盟国として取り扱われた)。

また、欧州石炭鉄鋼共同体の成立は、ルール問題でも議論に終止符を打った。

(4) 欧州防衛共同体(EVG)構想の挫折

シューマン・プランに遅れること数カ月、フランス政府は西ドイツを含む欧州防衛共同体(EVG)構想を打診し出した。所謂プレバン(当時のフランスの首相)・プランである。EVGの実現は、西ドイツ側から見れば、経済的側面のECSCとあいまって防衛面での西側の統合の象徴であった。しかし、西ドイツの積極的な姿勢にもかかわらず、フランスにおいてはドイツに対する不信感は強く、西ドイツの再武装を前提とするこの構想は、特に西ドイツ側が実質的な平等性を主張していただけに、フランス国民議会では困難を極めた。結局、この構想は一九五四年八月三〇日にフランス議会の賛同を得ることなく、挫折した。

(5) ドイツ連邦共和国の主権回復と西側への統合

一九五五年五月五日ドイツ連邦共和国（西ドイツ）は、ベルリンの分割占領及びドイツ全体に関する米・英・仏・ソ四大国の責任と権限を除いて、主権を回復した。そして、同年五月九日、NATO（北大西洋条約機構）に加盟して、西側にしっかりと結び付けられた。なお、ザールはこの年の秋に、住民投票によって「ヨーロッパ化」を拒否し、結局一九五七年一月、西ドイツの一州ザール・ランドになった。

こうして西ドイツの戦後の占領時代から主権の回復までの過程を見ると、ソ連の脅威と西側（特にフランス）の対独不信感を克服して、米国が主導するNATOに組み込んだことで、その後のドイツの統一に向かっての前提を作ったような気がする。

社会市場経済の発展に支えられ、国民の社会への統合に成功し、西側主要都市に近いボンを仮の首都とし、民主主義に支えられた西ドイツは、暫定首都の名に鑑み「ボン共和国」とも呼ばれる。

こうしてみると、戦後の西ドイツはその成立当初から、先見性ある政治家に率いられたといえよう。

オーストリア国家条約調印（Pressefoto Vatavao）

三　西ドイツ内外の新しい潮流

(1) オーストリアの主権回復

西ドイツが主権を回復した直後に、オーストリアも一九五五年五月一五日、米・英・仏・ソ四大国との「国家条約」の署名によって主権を回復した。

同国は、ドイツと同じく敗戦国となり、戦後、国土全体は米・英・仏・ソに四分割され、ソ連占領地区の中の首都ウィーンはこの四カ国で共同管理され、さらにウィーンのI区は四カ国で順繰りに管理された。戦後間もなくソ連占領地区に成立した共和国を西側が承認したことにより、オーストリアの長期にわたる分割は避けられ、さらに一九五五年、同国が法律的に中立政策を採用したことにより、オーストリアの主権回復は早められ、国家条約の調印に至った。

その背景には、オーストリアがドイツと中東欧諸国の緩衝地帯にあるという地理的な優利さがあった。また、アデナウアーが言うように、一九五三年にスターリンが死に、フルシチョフ以下新しいソ連指導部が西側に対する柔軟性を示唆したり、オーストリアの中立が欧州中央での中立地帯の成立に拍車を掛けることをソ連が期待したのかもしれない。幸いドイツを含めたこのような構想は、アデナウアーの強い反対もあって発展しなかった。オーストリアの存在は、後にドイツ統一に至る過程で無視できない要素となった。

(2)　西ドイツとソ連の外交関係の樹立

一九五五年九月、アデナウアー首相は初めてソ連を訪問し、ソ連との外交関係を樹立するとともに、戦後ソ連に抑留されていたり、あるいは捕虜になっていたドイツ人の帰還を実現した。この結果、モスクワに東西両ドイツの二つの大使館が存在することになり、ハルシュタイン・ドクトリン（ハルシュタインは、当時の西ドイツの外務次官をしていた人物で、同外務次官は、後に欧州共同体委員長となった）、すなわち「ドイツ連邦共和国が公式に外交関係を有する第三国が東ドイツと外交関係を樹立することは、ドイツ連邦共和国は非友好的態度と見なす」という、西ドイツの外交姿勢の問題に直面することになった。また、この機会にフルシチョフが、すでに中国に対する警戒感をアデナウアーに示していることは、興味深い（Konrad Adenauer, „Erinnergen 1953–1955", dva, 五二八ページ）。

(3)　東ベルリンにおける暴動

これに先立つ一九五三年六月、東ドイツでの労働ノルマの引き上げに反対し、労働者の蜂起が東ベルリン始め東ドイツ各地で起こった。これらは、ソ連戦車によって踏みにじられた。この事実で、ソ連がいざというときには武力を使ってでも人民の意思を押さえつけることが示された。このことも、西ドイツ人やアデナウアーのソ連に対する不信感に繋がったのだろう。因みに西ドイツでは、以来六月一七日は「ドイツ統一」を思い出すための国民の休日となった。

(4)　ポーランド・ポズナン争議とハンガリー革命

同様に、より厳しい労働ノルマを課されたポーランド・ポズナンの労働者は、ポーランド統一労働者党に反抗した。これに対し一時はソ連の軍事介入も心配された。しかし、党は、しばらく前に投獄されていたゴムルカを第一書記に選出し、彼は、権力は党にあって、ポーランドがワルシャワ条約機構を脱退することはなく、ポーランドからのソ連軍の撤退を要求することはない、といってソ連の指導者を納得させた。ポーランドはとりあえず危機を乗り切ったのである。

しかし、ハンガリーでは事情が違った。

一九五六年一〇月六日は、ライク・ラスロー（スターリン主義者マーチャーシュ・ラーコシのもとで公開処刑された元内務大臣）が名誉回復され、正式に埋葬された日であった。沢山のハンガリー人が埋葬式に参列した。さらに、一〇月二二日、ブダペスト工科大学の学生がポーランドに連帯を示すために、ポーランドの英雄ベムの立像に向かって行進した。「一九五六年の出来事ははじめ自然発生的な蜂起であったが、一国民に外部から押し付けられた体制を崩壊させんとする革命に素早く発展し」た（パウル・レンドヴァイ著、稲川訳『ハンガリー人』四六四ページ）。共産党に抗議するためにハンガリー国中から多くの人々がブダペストに集まり、一〇月二三日、学生を中心に国会議事堂前に集結した。在ハンガリーソ連軍が出動し、ブダペストに入り、ついに共産党は二四日、改革派ナジを首相に任命した。しかし、国中に蔓延した共産党に対する不満は、やがてソ連に対するものに発展し、ナジは三〇日、ラジオ演説で、複数政党制の採用、ソヴィエト軍隊の引き上げを発表した。さらに三一日には、ハンガリーのワルシャワ条約機構からの脱退を交渉することを、一一月一日には、ハンガリーが中立国になる意図を明らかにした。

一一月四日早朝、ワルシャワ条約機構諸国と調整したソ連は、ワルシャワ条約機構軍と共にハンガリーに侵入し、ナジ・イムレに変わる新政権の樹立を放送した。ナジは、在ブタペスト・ユーゴスラビア大使館に一時避難したが、三週間後同大使館を離れ、逮捕され、その後ルーマニアに移され、秘密裁判に付され、一九五八年六月、ブタペスト郊外で処刑された。

一方ハンガリー国内では、ソ連軍と共に帰国したカーダール・ヤーノシュが党の第一書記に就任した結果、ハンガリーは困難な道をたどることになった。ハンガリー革命は失敗に終わった。その間の戦闘で亡くなったハンガリー人は二七〇〇人に及び、数年間で処刑された人数は三〇〇人以上となり、二〇万人がオーストリア、西ドイツ、スイス、米国、オーストラリアなどに移住した。

革命の最中、米国の放送「フリー・ヨーロッパ」は、ハンガリー人を鼓舞して外国からの支援を声高に呼びかけた。しかし、米国政府は動かなかった。ちょうど同じ頃、英国やフランスはスエズ運河の国営化を巡ってエジプトと対決しており、米国は大統領選挙、スエズ運河問題、イスラエルとの問題で手一杯であった。「一八四九年に西側が、そして一九四五年以降は誰もこの小さな国を助けなかった、という記憶と共に、ロシアの圧制という悪夢はハンガリー人にとって国民的普通の常識になってしまった」（前掲『ハンガリー人』四六五ページ）。

(5)　ベルリンの壁構築

東ドイツの労働者人口の西ドイツへの流出は増えつづけた。彼らは、東ベルリンから西ベルリンに移り、さらにそこから西ドイツへ移住した。東ドイツはもはや、これを経済的にも放置できなかった。

一九六一年八月一三日、ソ連・ワルシャワ条約機構諸国の承認を得て、東ドイツ政府は東西ベルリン間に壁を構築し始めた（その後東ドイツと西ベルリンの間にも）。それは、東西ベルリン間の境にあるビルの壁をも塗り潰す、という徹底したものであった。東ベルリンの人々は、もはや死を覚悟してこの壁を乗り越えるか、地下にトンネルを掘るか、チェックポイントを通る自動車に身を隠して東ドイツ人民警察の厳しい警備をくぐって脱出する以外、西ベルリンに行く手段はなかった。

ベルリンの壁構築は、東西関係の文脈で見れば、戦後生じた現状の半永久的な固定化であった。西側は「壁」の構築に対し、やっと二日後にベルリン連合国司令官が、四日後に西側首都が抗議の声明を出したに過ぎなかった。

米国は、核戦争を賭してまでベルリンのためにソ連と対決するつもりはなかった。ソ連も米国との核戦争をかけてまで西側と対決するつもりはなかった。かくして、ベルリンの壁構築と一年後のキューバ危機を通して米ソ間の緊張を緩和する模索が始まったのである。

ベルリンの壁構築は、ドイツ分断の固定化に繋がり、ひいては欧州分断に繋がった。このときのベルリン市長は、後の西ドイツ連邦首相になるヴィリー・ブラントであった。ブラントは壁の構築を見て、「理性的に、壁を透明にして、分断から来る負担をできるだけ軽減し、可能であれば、分断を克服することを支援することのみが可能である」、と思った（Willy Brandt, Erinnerungen, Propylaeen. 六四ページ）。

「ベルリンの壁」の構築は、多分アデナウアーの無力感の経験となり、彼をして完全にド・ゴールのパートナーにしたのであったろう（Waldemar Besson, Die Aussenpolitik der

Bundesrepublik, Erfahrungen und Massstaebe, R. Piper, Muenchen, 二七八ページ)。

(6) キューバ危機と米ソ間緊張緩和

西側が、東ドイツ、チェコスロヴァキア、ハンガリー、ポーランドなどのソ連の中・東欧の衛星国に手を出さないということが決定的になったのは、一九六二年一〇月のキューバ危機を境にした米ソの平和共存であった。

この年の一〇月、ソ連がキューバに築いたミサイルの撤去を求めて、米国大統領ケネディは、キューバに通じるカリブ海を封鎖してソ連船を臨検する姿勢を示した。これは、米ソ間で核戦争勃発のまさに瀬戸際であった。ついに、フルシチョフはミサイルを撤去することに同意し、かくして米ソの対決は回避された。ここに米ソの平和共存が始まった。

(7) 西ドイツの内政上の変化――ゴーデスベルク綱領の採択

西ドイツでは、内政面でも大きな変化があった。すなわち、一九五九年一一月、バート・ゴーデスベルク(ボン郊外)で開催された党大会で、SPD(ドイツ社会民主党)は、歴史的転換を行い、「労働者階級」の政党から「国民」政党に脱皮したのである。SPD

は当初ドイツ統一を優先し、西ドイツの西側への統合に関してはドイツ統一を遠ざけるものとして警戒的であった。しかしこの党大会を境に、SPDは、西ドイツの西側共同体・NATO（北大西洋条約機構）同盟の一員としての地位を承認した。そして、西側より信頼されてきたヴィリー・ブラントをSPDの首相候補にした。こうして現実的になったSPDは、西ドイツでCDU（キリスト教民主同盟）／CSU（キリスト教社会同盟）に代替し得る、政府を担い得る政党として浮上したのである。

四　アデナウアー外交の限界とその評価

(1)　エリゼー条約の調印

一九六三年一月、西ドイツ首相アデナウアーとフランスのシャルル・ド・ゴール大統領の間で、独仏の年間二回の首脳会談、四回の国防相会談の実施、青少年交流の活発化などを内容とする、所謂エリゼー（フランスの大統領府の場所）条約が調印された。独仏間のその後の緊密な協力の基礎となるものであった。

しかし、これがアデナウアーの最後の仕事になった。ベルリンの壁構築や、ハンガリー革命への対応に見られるように米国を含めて西側は、ソ連の中・東欧支配には武力干渉せず、特にキューバ危機以降は、米国はソ連との一定の協力を模索する政策に転じていた。ジョン・F・ケネディ米国大統領は六三年半ば「平和の戦略」を構想し、米国はソ連とあらゆる面で敵対するということでなく、戦争を回避し、平和を構築するためにソ連との間で一定の協力を模索していた。フランスのド・ゴール大統領も、西ヨーロッパは常に米国に依存するべきでなく（特に核戦力）、独自の外交を遂行すべきという確信の下に、ヨーロッパは自らの対ソ政策を進めるべきである、との考えをもっていた。このような考えの下に、フランスもソ連との間で緊張緩和路線を探り始めていた。

実は、エリゼー条約が調印される直前、ド・ゴールのフランスは、英国のEEC（ヨーロッパ経済共同体）加盟に改めて反対を表明していた。英国が米国の政策に近すぎるというのがその理由であった。特に英国の核政策は米国のそれに近く、ド・ゴールは、果たして米国がヨーロッパが危機のときに自己の核兵器を使ってまで欧州を守る決意があるのか、という疑問を持っていた。

アデナウアー時代は終焉に近づいていた。一九六三年一〇月、アデナウアーの反対にもかかわらず、「西ドイツ経済の奇跡の父」ルードヴィッヒ・エアハルトが後任の首相に選出された。外相にはゲルハルト・シュレーダー（ともにCDU）が就任した。

(2) ソ連の対欧州政策とアデナウアーの対ソ政策

ソ連の目的は、まず東ドイツを共産化し、長期的にはドイツ全体を中立化させ、米国を欧州から遠ざけること、そして欧州全体をソ連の手中にすることであった。この目的の下に、ポーランド、ハンガリー、チェコスロヴァキアなどを次々と共産化したのである。第二次世界大戦末期から東西間の対立が顕著になり、まず英国のチャーチル首相がソ連の意図に警戒的になった。彼は、戦後の一九四六年にスイスのチューリッヒで「ステッティンからトリエストまで鉄のカーテンが曳かれた」と述べた。そして、一九四七年三月米国のトルーマン大統領が「封じ込め」政策を提唱し、同年六月にはマーシャル米国国務長官が、米国がヨーロッパの復興に貢献するためマーシャル・プランを明らかにした。

これに対してアデナウアー首相は、ソ連の危険性を強調し、西側戦勝国に対して、ソ連と交渉することの危険性について常に警告した。

一九五二年三月、折から進みつつあった西ドイツを組み込んだ欧州防衛共同体（EVG）設立の議論に鑑み、これを阻止するためソ連は西側三連合国に対し、ドイツ国民の意思を表現する全ドイツ政府の可及的速やかな設置を検討するための四大国の会議を開催するよう覚書にて提案してきた。このソ連の提案に対して、アデナウアーはスターリンの意図をはっきり見抜き、西側連合国に対し、これに応じないように強く求めた。ソ連は、欧州統合の進展を阻止し、ソ連に友好的で中立的なドイツができれば長期的にソ連に友好的なヨーロッパが実現でき、将来米国の欧州への影響力を削ぐことが出来ると考えた。EVGに西ドイツが参加することはそうしたソ連の構想に反するものであった。結局、西側占領国は、自由選挙によって選出されたドイツ政府が、同盟、自国軍について自由に決定し、国境線は将来の平和条約によって決めるべきである、と回答した。結局、ソ連側のこの提案に対しては、それ以上進展しなかったが、このことをもって、統一ドイツを早期に作る「失われたチャンス」という主張は、ソ連の意図を考えると的を得た主張とは考えられない。

また、西ベルリンを巡っては、一九五八年、ソ連が行った西側三大国への「最後通牒」覚書がある。ソ連は、西側連合国が西ベルリンから部隊を撤退させ、非武装となった西ベルリンの自由化に同意すべきことを要求してきた。このときアデナウアーはフランス大統領となったド・ゴールという味方を得ていた。この「最後通牒」は、翌年のキャンプ・

デービットでの米ソ首脳会談で、ソ連の望む結果を得られずに一度終結したかに見えたが、ベルリンの危機はその後も続き、やがてベルリンの壁の構築へと繋がった。

アデナウアーの時代は、フランスの提案に応じ西ドイツを欧州石炭鉄鋼共同体に組み入れ、その後、欧州経済共同体、欧州原子力共同体の元加盟国として西欧統合の枠組みに組み入れ、安全保障の面ではNATOのメンバーとして、しっかりと西欧に結びつけ、その後のソ連・中東欧諸国との和解を目指す西ドイツの東方政策の基礎となったという意味で重要である。

他方、アデナウアーの硬いソ連観は、特にキューバ危機以降ソ連との一定の協力を模索し始めた米国、独自の欧州外交の展開を模索するフランスなど、西側全体でソ連・中東欧との緊張緩和に入っていく動きの中では時代遅れになった感があり、アデナウアー時代の終焉は致し方ないものであった。

しかし、戦争直後から六〇年代初めまでの、西ドイツの独立から安定的な戦後の発展という困難な時代に示した「客観情勢並びに内政及び外交の諸課題に対する明確な洞察力がアデナウアーを際立たせたものであり」、「名を成す連邦首相になろうとするものは、この洞察力を備えていなければならなかった」（H・A・ヴィンクラー著、後藤俊明等訳『自由と統一への長い道』二三五ページ)。一四年間にわたって西ドイツの首相を勤めたアデナウアーはこの洞察力を備えた稀有な政治家であった。後に西ドイツの首相になったブラントは、アデナウアーを生粋の西ドイツ人と評して、他方、自分はリューベックで生まれベルリン市長になった経歴からもベルリン始め東ドイツを含め中部・東部ドイツをより理解していると、「デア・アルテ(アデナウアーのこと)」と自分を比較している。

五　東方外交への萌芽——エアハルト内閣の外交

一九六三年一〇月、西ドイツでは、エアハルト内閣が、CDU/CSUとFDP(自由民主党)との連立の下に成立した。外務大臣には、G・シュレーダー(CDU)が就任した。

エアハルトとシュレーダーは、「ベルリンの壁」の構築と、キューバ危機を通じて緊張を孕んだ米国ケネディー政権との関係修復に重点を置いた。実際、エアハルト政権時代、米国との協調を探るアトランティスト(大西洋主義者)とフランスとの関係を重視する欧州主義者の対立が時として顕著に現れた。エアハルト、シュレーダーも野党党首のブラントも米国との関係を重視していた。米国は、戦後に生じた現状の下（ステータス・クボ）に、ソ連との間で一定の協力関係を模索し始めていた。フランスを始め西側諸国もソ連との関係改善が不可欠であるとの認識であった。新しく発足した西ドイツ政権では、外交に関しては、シュレーダー外相の下に、このような緊張緩和に向かう世界の潮流の中で、西ドイツが特に中欧に於いて独自のアクセントを発揮しようとしていた。「実際上、彼のもとで外交面での西ドイツの独自性の新しい一章が始まった。」（Waldemar Masson、同上二八九ページ）「アデナウアー時代から大連立への東方政策への橋渡しをし、西欧一辺倒のコースに疑問符を打ち、西ドイツの存在感を示したのは、紛れもなくシュレーダー外相の功績であろう。」（同三三六ページ）

一九六六年春、西ドイツ政府は、外交関係を有する全ての政府に対して「平和ノート」を手交した。その内容は、東ドイツを除くソ連、ポーランド、チェコスロヴァキアなどの東欧諸国との武力放棄声明構想について意見交換すること、西ドイツ政府がNPT（核不拡散条約）を受け入れる用意があることなどであった。この考え方は、西ドイツが緊張緩和を遂行することを示しており、その後大連立政権に引き継がれた。

しかし、シュレーダー外相は変化を自覚しながらも、自分のこの見解を貫徹する政治力を欠いていた。

米国との良好な関係に意を用いていたエアハルト首相が、最後に成果を治め得ず退陣に至ったのは、皮肉にも六六年夏の彼の最後の訪米であった。当時西ドイツと米国の懸案は、西ドイツが負担する駐留米国軍の経費負担を軽減する問題であった。しかし、米国はその当時ヴェトナム戦争に深入りしており、とても西ドイツの負担軽減要求に応じる状態ではなかった。

この間フランスは、ド・ゴールのソ連訪問に先立ち、一九六六年三月、NATOの本部から引き上げ、ドイツ駐留フランス軍をNATOの指揮下から外し、NATO本部のフランスからの引き上げを要求した。またフランスは、EECは祖国からなる連合であるとして、EECの超国家性（西ドイツ出身のヴァルター・ハルシュタインEEC委員長の主張であった、と言われる）に反対してEECから代表を引き上げ、EECを進める西ドイツを困らせた（「空席政策」といわれ、六七年一月フランスは「ルクセンブルクの妥協」によりEECに復帰した）。米国とフランスのこのような政策は、大西洋（即ち米国）か欧州（フランス）かという選択を迫られたくない西ドイツの中の微妙なバランスを難しくし、エアハルト首相のリーダーシップを困難にした。その上、西ドイツ経済はインフレに晒されていた。

ここに至って、FDP（自由民主党）は連立を離脱して、エアハルト内閣は少数内閣となり、ついに、一九六六年暮れ、CDU／CSUとSPDの大連立政権が成立した。首相には、CDUのクルト・ゲオルク・キージンガーが、外相兼副首相にはSPDのブラントが就任した。

六　CDU／CSUとSPD大連立政権の時代

CDU／CSUがSPDとの大連立政権を作るにあたっては、西ドイツ経済の危機的な失業率への対策（六六年同国の失業率は、一九五八年以来最高水準の二・一％に増加した）と、戦後主権を回復して以来の懸案であった西ドイツが対外的に攻撃された時などを想定して、その時に対処するための法律・非常事態法の成立、という課題があった。

(1)　大連立政権の東方政策

キージンガー首相は、最初の政府演説で、西ドイツ政府が緊張緩和政策を一貫して追及することを明らかにすると同時に、政府演説では初めてといっていいほど詳細にボンとモスクワの関係調整について言及した。また首相は、エアハルト内閣時代に明らかにした武力放棄宣言の交換に言及した。そしてブラント外相は、シュトラスブルクのヨーロッパ審議会で、東西両ドイツ関係について「調整された共存（geregeltes Nebeneinander）」を目ざす、と言明した。

六七年初、早速ルーマニアが西ドイツとの外交関係樹立を明らかにした。しかしこのことは、二重の意味でボンを難しくした。一つには、東欧の他の国がそれに続きかねないことが、ソ連の威信を傷つけ、東欧諸国の自主性を面白く思わないソ連の懸念を惹起したこと、そして東ドイツの疑念をも招いた。第二に、ルーマニアはすでに東ドイツと外交関係を有しており、ルーマニアが西ドイツと外交関係を持つことを、ハルシュタイン・ドクトリンとの関係でどういうふうに扱うか、という問題であった。

東ドイツはその後、キージンガー首相に首相会談を提唱し、キージンガー首相もこの書簡に答えた。しかし、東ドイツが同国の国際法的承認と西ドイツのNATO、EEC脱退を主張したので、結局キージンガー首相はさじを投げ、CDUは元のアデナウアー的な主張に戻り、CDU／CSUとSPDとの間の溝は深まった。

⑵　大連立政権の同盟政策

大連立が始まった直後、西側同盟のNATOにおいても、西側全体として、今後NATOは緊張緩和と安全保障の確保の両輪をあわせ追求する、という戦略を決定した。これを起案したのはベルギー外相アルメルであり、その報告書はアルメル報告といわれる。

緊張緩和の追及と、西ドイツが核兵器を持たないという西ドイツ政府の言明は同じコインの裏表であった。米ソは両超大国の関係を進めるとともに、核兵器のこれ以上の拡散を防止することが世界の緊張を緩和するために不可欠と考えていた。このために、当時核兵器を持っていた米国、ソ連、英国、フランス、中国の五カ国を核兵器国とし、他の非核兵器国に核兵器及びその技術が渡らないようにする核不拡散条約の締結を検討し、その際特に日本、西ドイツ等の技術先進国（所謂「核の敷居国」）が条約に加盟することを強く要求していた。日本と西ドイツでは、この条約案は不平等なもの（核兵器国と非核兵器国間の不平等）として批判的意見が強く、なかんずく、非核兵器国の手を縛るものとして激しい議論が行われていた。両国は、特に核の平和利用の推進を閉ざすべきではないこと、それに、核兵器国も核軍縮に努力することを主張した。一九六七年五月、ブラント外相は、東京訪問時に日本政府との間でこのラインで共同歩調を取ることで一致した。こうして西ドイツは、核不拡散条約（NPT）の調印に向かうのである。

さらに言及しておかなければならないのは、欧州統合が着実に進展していたことである。欧州石炭鉄鋼共同体に続き、一九五八年から欧州原子力共同体と欧州経済共同体（EEC）が発足し（ローマ条約の発効）、ド・ゴールの政策（空席政策）にもかかわらず、一九六七年には、上記の三つの共同体が一つの事務局にまとまり、翌年には、欧州共同体（EC）加盟国で関税同盟が発足したのである。

ところで、一九六九年五月、東南アジアの小国カンボジアが東ドイツと外交関係を結んだ。結論的には、西ドイツとカンボジアとの外交関係は凍結されたが、ここに両連立政党の意見の違いは決定的になった。FDPはハルシュタイン・ドクトリンの放棄を要求し、SPDとFDPの接近が明確になった。

(3) チェコスロヴァキアへのワルシャワ条約軍の侵入

一九六八年八月二一日のワルシャワ条約軍のチェコスロヴァキア侵入事件は、大連立政権にとっても、西ドイツ国民にとっても大きなショックであった。

一九六七年一二月、プラハのストラホフ地区でのチェコスロヴァキア共産党に反対する学生の街頭デモに端を発した共産党の改革を求める運動は、一九六八年一月、共産党内で改革派のアレクサンダー・ドゥプチェクを党の第一書記に選ぶこと（「プラハの春」）に繋がり、この改革の動きは加速化していった。このようなチェコスロヴァキアの動きは、ソ連や中東欧各国共産党の不安を惹起した。ドゥプチェクら改革派は、ブレジネフなどソ連指導部に対して、チェコスロヴァキア共産党がいわゆる「人間の顔をした社会主義」をモットーに改革を進めることを説明したが、共産党の指導制を墨守するソ連・中東欧諸国共産党指導部は、チェコスロヴァキアの行方に不安を募らせた。チェコスロヴァキアの進歩的知識人たちにより、複数政党制を主張し共産党の指導性を否定する「二千語宣言」が、一九六八年六月に発せられるに及んで、ワルシャワ条約機構軍の軍事介入はますます現実味をおびてきた。

チェコスロヴァキアの動きは、ソ連と中東欧諸国における共産党の一枚岩と共産党の支配体制を崩し、異なった社会主義の道を許容するもので、ソ連共産党の中東欧での指導体制を崩しかねないものであった。

後から顧みると、ドゥプチェクは、「共産党の指導性の堅持」が何よりもソ連・中東欧共産党指導部にとって緊要であるという核心的な真の教訓を誤解していたといえよう。当時ソ連の西の端であったチェルナ、あるいはチェコスロヴァキアのブラチスラバでの、チェコスロヴァキアとソ連指導部ないしワルシャワ諸国指導部との会談を通してますますソ連の疑念は深まった。なお、これらの会談を通じてソ連は、共産党はマルクス・レーニン主義の諸原理から逸脱することは出来ないという、所謂「ブレジネフ・ドクトリン」により、ワルシャワ条約諸国に干渉権がある、という理論を明らかにした。

ついに、六八年八月二一日、ルーマニア軍をのぞく他のワルシャワ条約諸国軍がチェコスロヴァキアに侵入し、同国を占領した（東独軍は、ズデーテン割譲をチェコスロヴァキア人に思い出させないように東ドイツとチェコスロヴァキア国境の東ドイツ側に留まった）。ドゥプチェクなどのチェコスロヴァキア共産党改革派指導部はモスクワに逮捕・連行され、以降チェコスロヴァキアの改革は大幅に後退した。チェコスロヴァキア共産党には改革に反対する勢力があり、その筆頭はバシル・ビリャクであり、彼がモスクワに対して軍事介入を要請したとのことであった。ドゥプチェクの後任としてモスクワが投入した人物は、グスタフ・フサークであった。フサークはドゥプチェクの改革を後退させ、モスクワに忠実な路線へとチェコスロヴァキアを導いていった。チェコスロヴァキア市民の消極的抵抗、たとえば六九年一月のカレル大学学生ヤン・パラフの自殺という抗議もあったが、チェコスロヴァキアの「正常化」は急速に進んでいった。

西側、なかんずく米国が実際にこの事件で行動を起こすことはなかった。米国はこの頃ヴェトナム戦争を戦うことに手が一杯であり、その上、核拡散防止条約をソ連と調印するなど、ソ連との関係改善を進めていたのである。

こうして、チェコスロヴァキアでは急速に「正常化」が進み、米国を始め西側全体も東側との緊張の緩和を望んだ。米国ではその後就任したリチャード・ニクソン大統領がヴェトナム戦争の早期終結と米軍の世界的展開の縮小を計っていた。

チェコスロヴァキアへのソ連・ワルシャワ条約諸国軍の侵入は、西ドイツが東方政策を進める上でショックであった。特にCDU内では、ソ連との関係をこれ以上進めることに対して批判的意見が大きくなり、SPDとともに東方政策を展開することに消極的意見が広がった。

六九年一月になって、ソ連は西ドイツに対して、関係改善の用意があるというシグナルを発した。さらに三月初め、ソ連は中国と、両国国境を流れるウスリ河で武力衝突した。このような情勢下にあってソ連の側にも、西ドイツや西側との緊張を緩和したいとの事情も生じてきた。

(4)　大連立の問題点――議会外野党（ＡＰＯ）の活発化

大連立の問題は、内政に於いては、連邦議会で少数政党のＦＤＰだけが野党となったことである。そのことで、批判的勢力、特に急進的学生グループが議会外の活動を活発化することになった。そこにフランスの学生運動がもたらした五月危機が加わった。「非常事態法」（ドイツ連邦共和国の発足に伴い、非常事態にどのように対処するのかは以前から検討されていたものであったが、非常時に電話の盗聴、手紙の検閲などの基本的人権を連邦議会と政府が制限することも可能にする内容であった。連邦議会で三分の二の多数を握る連立与党は、基本法を改正してこの法律を通すことを可能にしていた）の西ドイツ連邦議会での取り扱いも、これら議会外野党の激しい反対運動の対象になった。

議会外野党の中で、ＳＤＳ（社会主義学生同盟）が最も激しい活動を展開していた。六七年六月、西ドイツを訪問中のパーレヴィー・イラン皇帝に対してベルリンで抗議デモしていた学生オーネゾルクが警察官に射殺された事件があり、さらに六八年四月、学生運動の指導者ルディ・ドゥチュケがベルリンのクアヒュルステン通りで発砲され、致命傷を負った事件があった。これらの事件は西ドイツの学生始め知識人に衝撃を引き起こした。しかし、フランスの五月運動と違って、西ドイツではこの種の左翼運動は、労働者と学生の連帯を引き起こさず、六八年五月末の「非常事態法」の成立と共に、西ドイツの「六八年世代の運動」は次第に衰退していった。もっとも六九年代秋に至っても、大学では伝統的な権威を持つ教授、家庭では親に対する子供の反抗が見られたように、西ドイツ社会に及ぼした影響は小さいものではなかった。

いずれにしても、SPDとFDPの連立の兆しが、議会外野党の活動の低下をもたらしたことは否定しがたい。

こうした西ドイツ内外の情勢の下、一九六九年三月の次期連邦大統領選挙で、FDPがSPDの候補者グスタフ・ハイネマンを支持し、ハイネマンは同年七月に連邦大統領に就任した。この事実は、ブラント党首のSPDとシェール党首のFDPの連立政権の誕生を予見させるものであった。

七　SPD（ブラント首相）とFDP（シェール外相）連立政権の時代

一九六九年一〇月、SPDとFDPの連立政権が発足した。これに先立つ九月の総選挙では、SPDが四二・七％（前回三九・三％）で第二党、FDPは前回の四九議席から三

○議席に後退し、辛うじて五％条項をクリアして連邦議会に議席を確保する五・八％の得票で第三位であった。CDU／CSUは依然として第一党であったが、SPDはFDPと連立（両党の議席を合わせると辛うじて多数を形成した）を組み、政府を組織した。

ブラント・シェール連立内閣の重点は、外交政策の転換であった。顕著な転換は、ブラントに言わせれば「抽象的な武力放棄を具体的なものにし」（Willy Brandt, „Erinnerungen", Propylaeen, 二三四ページ）、戦後に生じた国境を不可侵のものとし、ソ連との協力を模索して、東ドイツとの関係を「並存」（Nebeneinander）から「共存」（Miteinander）にし、しかし両ドイツの関係はお互いに特別な関係（国際法上の西ドイツによる東ドイツの承認は問題外）として、ヨーロッパの平和秩序に貢献することであった。アデナウアーなどCDUが主導する政府の外交政策は、なんといってもドイツ再統一のための東ドイツとの話し合いを優先してきたが（勿論米国・西欧諸国などの西側に確固として結びついた上ではあるが）、ブラントは、国際法上の承認を強く主張してくる東ドイツとの関係正常化の前に、東ドイツの背後にあるソ連とまず調整し、その上で、ドイツのモラルの上で重要であるポーランド、チェコスロヴァキアとの関係を正常化し、四大国（米・英・仏・ソ）が権限を有するベルリンの現状を改善し、東ドイツとの関係を律することを目ざした。

(1)　モスクワ条約（西ドイツ・ソ連間武力放棄条約）

このような構想に沿って、まず、グロムイコ・ソ連外相とバール西ドイツ首相府次官との会談が、一九七〇年初に始まった。西ドイツにとっては、ドイツ人の自決権と自主的決定によるドイツ統一の権利をどのようにソ連にのませるかが重要でもあった。このソ連との「武力放棄条約」は、同年八月、ブラントがソ連を訪問して調印された。西ドイツは現存の国境を尊重し、武力でこれを変更しないことにしていた。この条約によってソ連及び中東欧諸国とのより良い協力の前提が作られた。自決権に基づくドイツ統一の目標を条約の中に組み入れることは出来なかったが、西ドイツ側は一方的な書簡をソ連側に手渡し、ソ連側は書簡を受け取ったことを認めた。この特別書簡では、「この条約は、ヨーロッパの平和にドイツ連邦共和国が貢献し、その中でドイツ民族が自由な自決権に基づきその統一を獲得するというドイツ連邦共和国の目的と矛盾するものではない」という西ドイツ外務大臣の意思が明確に書かれてあった。

「モスクワの一九七〇年八月は、戦後欧州の歴史に新しい第一歩を記したものであった。」（Willy Brandt、同上二〇四ページ）

(2) ワルシャワ条約（ポーランドとの武力放棄条約）

難航したのは、ポーランドとの交渉であった。国内には、戦争中または戦後にポーランドに財産を残したまま西ドイツに逃れてきた「故郷を追われた者」が沢山おり、彼らはこの交渉に強く反対していた。戦後ポーランドの西部国境となったオーデル・ナイセ（戦後ポーランドの東部はソ連領となり、ポーランドの西部国境は、東ドイツとの境を流れるオーデル・ナイセ川となった。ポーランドと西ドイツは国境を接するわけではないが、ソ連・中東欧諸国にとっては、西ドイツがこのオーデル・ナイセ線国境を承認するかどうかが西ドイツが戦後生じた現状を認めるかどうかの試金石であった）を条約に含めるかどうか、という難しい問題があったからである。条約は一二月にワルシャワで調印されたが、国際的に広く知られたことは、ブラント首相がワルシャワゲットーの前に跪いた映像であった。ブラントは何故跪いたのか、という質問に、「ドイツの歴史の縁に立ち、殺害された数百万の人間の負担を思い、人間として言葉を失い、なすべきことをやった」と述べている（Brandt、同上二一四ページ）。

オーデル・ナイセ国境については、オーデル・ナイセ線がポーランドの西部国境線を構成していることを確認し、両国は現在及び将来における既存の国境の不可侵性を保証し、互いに現在も将来も領土要求をしないこととした。

⑶　チェコスロヴァキアとの条約

この問題は、一九七三年暮れまでかかったが、背後には、第二次世界大戦前の一九三八年のミュンヘン協定（この協定によってズデーテン地方の一部がドイツに割譲され、その後のドイツによるチェコスロヴァキア占領に繋がった。戦後、ドイツ人への憎しみゆえに多くのドイツ人がチェコスロヴァキアから追放された）の無効性につき、当初より無効なのか、現在は無効になったのかという法律的な争いの他に、プラハの指導者たちが一九六八年の事件以後未だ十分な指導制を発揮できなかった、という事情もあった。（この問題は条約では、「この条約の精神にのっとり、相互の関係に鑑み無効とする」という妥協的な合意になった）。

⑷　西ベルリンに関する四カ国協定

重要なのは、これらの「武力放棄条約」は、ベルリン及びドイツ全体に関する四カ国（米・英・仏・ソ）の権限と責任には触れないことであり、これらの条約は西ベルリンを巡る実際的な状況を改善する四カ国協定（西ベルリンに関する四カ国協定）と密接に関連させられたことである。

ブラントにとっては、ドイツの分断から来る苦悩を実際的に改善することが重要であった。四カ国協定は、三カ国の西ドイツ駐在大使と在東ドイツソ連大使の間で交渉され、一九七一年九月三日調印された。西ベルリン四カ国協定とその後に細則を取り決めた東西両ドイツの間の交通協定は、その意味でも重要であった。交通協定は、同年暮れ西ドイツ・バール首相府次官と東ドイツ・コール交通次官の間で交渉された結果調印され、西ドイツ人及び西ベルリン市民の東ベルリン及び東ドイツ訪問並びに西ベルリンへの高速道路の利用がより簡素化された条件で実現することになった。四カ国協定では、西ベルリンと西ドイツの結びつきはさらに発展させられるべきものとして認められ、外国での西ベルリン市民の領事保護権の行使が西ドイツ政府によって認められた。しかし、西ベルリンが西ドイツの構成部分でなく、西ドイツによって統治されてはならないこと（従って、西ドイツの連邦集会——たとえば、連邦大統領選出集会——は西ベルリンで開かれてはならず、西ドイツ政府の機関は西ベルリンに置いてはならないこと）が取り決められた。

(5) 東西両独間基本条約

両ドイツ政府の首相が初めて直接対話したのは、東ドイツの町エルフールトであった。一九七〇年三月のことである。劇的な両首相の会談で興奮した東ドイツ住民は、会談が行われたホテル・エルフールトの窓に向かって下から「ヴィリー・ブラント、窓際へ来て顔を見せて！」と叫んでいた。東ドイツ人が如何にドイツ統一を望んでいるかをまざまざと見せつけた瞬間であった。

二回目の会談は、同年五月、西ドイツの国境の町カッセルで行われた。会談を終えて駅まで並んで歩く姿がテレビに映されたが、両首相の顔つきは険しいもので、両ドイツの意見の隔たりが大きいことを伺わせた（東ドイツのシュトフ首相は、相変わらず、東ドイツの西ドイツによる国際法的承認を主張した）。

その後、西ドイツのブラント政権は東方諸条約を巡って野党の強い反対に遭い、七二年四月には、野党の不信任決議案の提出もあった。この不信任決議案はたったの二票の差で、野党の失敗に終わった。同年九月、与党は繰り上げ総選挙に打って出て、その結果、議会でSPDが第一党となり、FDPも票を伸ばした。西ドイツ国民はSPD／FDPの連立の継続を、また同政権の東方政策を支持したことになる。

モスクワ条約、ワルシャワ条約は一九七二年六月に発効し、同日西ベルリンに関する四カ国協定が発効した。結局、東ドイツとの基本条約は、一九七三年六月に批准された。基本条約によれば、両ドイツは相互に外国ではなく、東ベルリンとボンには双方の常駐代表部が置かれ（通常は外交関係が樹立されれば、双方の首都に大使館が置かれる）、双方ともその秋に国連に加盟した。「ベルリンの壁は取り除けなかったし、ベルリン全体の問題は解決できなかった。しかし、欧州の心臓部で二つのドイツが平和と協調を強化したことを確信する。」（Willy Brandt、同上二三三ページ）。

(6)　欧州安全保障協力会議の準備会合

同年七月、欧州（ソ連を含む）・米国・カナダを含めた三五カ国の外相がフィンランドの首都ヘルシンキに集まり、欧州安全保障協力会議（CSCE）の準備のために会合した。この構想は、元々、一九五四年当時のソ連外相モロトフが、戦後に生じた現状を西側に承認させようとして提案したものである。結局、この会議は、ベルリンが東西間の火種でなくなり、西ドイツが一連の東方諸条約を承認して、欧州の緊張緩和と協力の基盤が出来上がって初めて開催が可能になった。

(7) その他

なお東ドイツでは、一九七一年五月戦後同国の第一人者であったウルブリヒトが第一書記を解任され、後任にはソ連の息のかかったエーリッヒ・ホーネッカーが就任した。

また、ブラントに対しては、一九七一年一二月、ノーベル平和賞が授与された。

八　シュミット首相（SPD）の時代

その後、ブラントは一九七四年五月、東ドイツのスパイであったことが判明したギュンター・ギョームの事件によって辞任し、後任の連邦首相には、ヘルムート・シュミット（SPD）元国防相、外相にはゲンシャー（FDP）が就任した。

シュミット首相によって前任者の敷いた東方政策は継続された。

(1) 欧州安全保障協力会議（CSCE）

シュミット首相時代、欧州安全保障協力会議が七五年七月三一日、八月一日にフィンランドの首都ヘルシンキで、欧州・米国、カナダ等三五カ国首脳が集まり開催された。その中には、東ドイツの党書記長ホーネッカーが含まれていた。この会議は、西ドイツの東方政策があって初めて可能であった。

この会議の柱は、第一バスケット、第二バスケット、第三バスケットと呼ばれる。第一バスケットは、安全保障に関するもので、東西ともに、一定規模以上の軍事演習をする際に事前に相手方に通報し、信頼を醸成すること。これはヨーロッパの東西が望むところであった。第二バスケットは、主として経済協力に関するものであったが、経済・技術協力については、東側は喉から手が出るほど西側、特に西ドイツの協力を欲していた。第三バスケットは、人・情報・文化の交流を増大することに関するもので、西側が特に重視した。当座、欧州安全保障協力会議の成果は、ソ連が望む「戦後の現状」を固定化することに目がいったが、後に、あまり注目されなかった第三バスケット、すなわち、東側内部での人権状況の改善面がじわじわと効果を発揮することになる。

私は一九八〇年六月にチェコスロヴァキアに赴任しているが、その夏、マリアンスケ・ラズネ（ドイツ名マリーエン・バート、有名な温泉保養地）の公園を散歩しているときに、或るルーマニア人の青年に遭遇した。彼は、外交官ナンバーの私の車に隠して自分を国境を越えて西ドイツに運んでくれという。もちろん私は丁寧にこの申し出を断ったが、彼がその際に言ったのは、「欧州安保協力会議で東側は人の移動に同意したから、将来きっと東側の人間も西側に行けるようになる日は近いので、東側の人々はそれに希望を持っている」ということだった。そのような希望は当時遥かに遠いものに思われていただけに、彼の言葉は私にとって意外だった。

また、ヘルシンキ会議の際、「国境は、平和的に、合意を得て変更することが出来る」という西ドイツの主張を参加国に確認させたことが、その後のドイツ統一に役立つことになる。

(2)「秋のドイツ」――テロとの戦いと法治国家の守り

シュミット首相時代を特徴付けるのは、テロとの戦いであろう。

一九七五年、ベルリン州議会議長ペーター・ロレンツ（CDU）がテロリストに誘拐され、仲間の釈放を要求されたときには、西ドイツ政府は犯人たちに譲歩し、ロレンツは解放されたが、同じ年にストックホルムの西ドイツ大使館がテロリストに占拠されたときには、大使館付武官と参事官が犯人によって射殺された。要求が西ドイツ政府に拒否されると、犯人たちは大使館を爆破し、犯人たちも死亡した。

こうしてテロとの戦いが始まった（テロとの戦いは、ブラント政権のときにも起こり、七二年九月ミュンヘン・オリンピックの最中、イスラエルの選手たちが、「黒い九月」の手にかかり、死亡するという事件があった）。

一九七七年四月、西ドイツ連邦検事総長ジークフリート・ブバックが西ドイツ赤軍派の一味によって、カールスルーエで射殺された。ついでその年の七月ドレスデン銀行頭取ユルゲン・ポントがフランクフルト郊外の自宅で殺害された。そして、九月、西ドイツの経営者団体（産業連盟をかねた、日本の経団連にあたる）のトップ、ハンス・マルティン・シュライヤーが、ケルンで一味に誘拐された。犯人たちは、シュライヤーとの交換で収監されていた一一人の仲間の釈放を要求してきた。シュミット首相は、政府関係閣僚、野党を含め各党の党首、連邦議会の議員団長、テロリストが収監されている州の首相たちを集め協議した。一〇月になって、さらに政府に圧力をかけるため、テロリスト・グループは、マジョルカ島からのルフトハンザ機ボーイング737をハイジャックし、ソマリアの首都モガディシオに強制着陸させた。モガディシオに発つ前に、犯人たちは機長のユルゲン・シューマンを射殺していた。シュミット首相は、西ドイツの法秩序を守るため、犯人たちに譲歩せず、ソ連のブレジネフ書記長、東ドイツのホーネッカー書記長、ソマリアのバーレ大統領（ソマリアとは当時西ドイツは外交関係がなく、そのためシュミット首相はバーレ大統領と連絡し、あわせてホーネッカー、ブレジネフとも連絡を取ったものと思われる）に対し、犯人たちの逮捕のため働きかけた。こうして、一〇月一八日、モガディシオで、闇にまぎれて西ドイツ国境警備隊の特殊部隊GSG9がハイジャックされた機中に襲いかかり、乗っ取り犯たちを射殺し、乗客全員を解放した。ほっとするまもなく次の朝、シュトットガルト郊外の刑務所があるシュタムハイムから、囚人であったテロリスト・グループの一味、バーダー、エンスリン及びラスペが自殺し、メラーが致命傷を負ったという知らせが入った。さらにその夜、シュライヤーの亡骸が路上に放置された車のトランクから発見された。西ドイツは、言い知れぬ陰鬱なムードに包まれた。多くの外国人は、テロリストたちの獄中での自殺は、西ドイツの官憲が関与したかのようにうがった見方をしていたが、このような見方がされることはドイツの過去がいかに重苦しいものであるかをまざまざと感じさせた。

シュミット政権は、人命を犠牲にしつつ、国家の法秩序を守ったのである。なお、西ドイツのこうした対処ぶりは、その直後に起こった日本のダッカ・ハイジャック事件の対応（日本政府は、犯人たちの要求に応じる形で、獄中の犯人の仲間を釈放し、犯人たちと乗客を日本政府の人質とともにアルジェリアのアルジェーに、しかも三億円の身代金を持たせて、送り届けた）と比較された。どちらの対処振りが正しいのかは、その国が置かれた状況、事件の背景などにより異なり、一概に言えないものの、その対応の違いは非常に大きかった。

(3) NATOの二重決定――反核運動との戦い、「緑の党」の誕生

シュミット政権が直面した重大な問題は、ソ連が七〇年代に中・東欧に配備し始めた中距離ミサイルSS20に対して西側がどう対処すべきかという問題であった。中距離ミサイルとは、飛距離が四〇〇〇キロメートルぐらいの核兵器の運搬手段で、ソ連や中東欧から西欧には届くが、大西洋を隔てたアメリカ大陸には届かない兵器であった。このためソ連は、米国を巻き込まないで西欧だけを攻撃でき、米国と西欧を離間させる意図を持っていると考えられた。西欧の戦略は、いったん西欧が攻撃の対象になった際には、それが米国への攻撃にもなり、西欧が米国を巻き込み、一緒になってこれに反撃する、というものである。この意味でSS20は、配備されれば西欧防衛にとっては脅威であった。特に西ドイツは、西欧の最前線にあり、ソ連の攻撃を最も受けやすい状況にあった。それゆえに、西ドイツにとっては、米国の対応振りが死活問題であった。

シュミット首相は、ソ連のブレジネフ書記長にこのミサイルを配備しないように働きかける一方、米国に対しては、新しいミサイルを配備することを考慮するとともに、ソ連との交渉によってこの問題の解決を働きかけた。この結果、米国は、中距離ミサイル・パーシングⅡとクルーズ・ミサイルを欧州に配備する用意があり、これを武器にソ連と交渉することになった。西ドイツにおいては、また折から原子力発電、核エネルギーに反対する動きが強く、これが反核運動となり、米国の新しいミサイルの配備に対しては、核の軍拡競争を招きかねないとして、反対が強かった。結局シュミット政権は与党（特にSPD）の中の反核・反核エネルギー派や多くの国民の反対にもかかわらず、一九七九年一二月、NATOの場で、NATOとして米国の二つの中距離兵器の欧州での配備を武器にソ連のSS20の撤廃を交渉する決定を行った。所謂「二重決定」である（この交渉は、ジュネーヴで米ソ間で行われた。途中、米ソ双方が配備数を削減するとか、ソ連が欧州には配備せず、その代わり欧州から遠く離れたウラル山脈以東に配備するという案も出たが、後者の案だと、日本などアジアが標的になりかねず、そこで、日本の中曽根首相は、一九八三年に米国で開かれたウィリアムズバーグ・サミット――先進七カ国〔米・英・仏・伊・西ドイツ・加・日〕首脳会議――で双方ゼロにすべきだと主張し、これが西側の共通ポジションとなった。この交渉は、ソ連でゴルバチョフ書記長のときになって双方とも配備しないことで決着した経緯がある）。

シュミット首相がNATOでの「二重決定」に至る過程で苦悩したのは、七〇年代半ばから西ドイツで急速に進行してきた反核エネルギー運動であった。西ドイツでは、各地（バーデン・ヴュルテンブルク州のヴュール、シュレスヴィッヒ・ホルシュタイン州ブロックドルフ、ノルトライン・ヴェストファーレン州カルカーなど）の原子力発電所の建設に反対する運動が激しくなっていった。この核エネルギー拒否に加えて、環境保護の運動が、やがて「緑の党」の誕生に至り、一九八〇年、この党は連邦レベルでの政党として発足した。そして一九八三年の連邦議会選挙で、初めて五％条項をクリアし西ドイツ連邦議会に進出したのである。

⑷　冷戦への後戻り

シュミット政権の末ごろ、東西関係は新たな障害に直面することになった。一九七九年末、ソ連軍がアフガニスタンに侵入したのである。一九七九年二月にイランで起こったイスラム革命が、ソ連南部に住むイスラム教徒に伝播し、ソ連の支配が脅かされるのではないかと恐れて、ソ連は、南部に国境を接するアフガニスタンのカラマル政権をバック・

アップするためにアフガニスタンに侵入したという事情がある。もちろんソ連がアフガニスタンを支配することにより、インド洋に接近すること、中近東の石油源に近づくこともその背景にあった。いずれにしろ、ソ連の行動により、東西関係は危機に直面し、西側諸国は、八〇年のモスクワ・オリンピックをボイコットし、西ドイツもこれに倣った。

他方で、一九八〇年八月、ポーランドで自主管理労組「連帯」が結成され、政府・与党共産党に対して自由化を要求するなど東西関係全体に大きな影響を及ぼす事件も起こった。西ドイツ国内の連立与党内でも次第に軋轢が強くなり、八二年秋には、八三年予算をめぐってFDPとSPDとの対立が決定的となり、八二年一〇月西ドイツ連邦議会においてシュミット首相に対して初めて建設的不信任案が可決され、CDUの党首ヘルムート・コールが新しい連邦首相に選出された。

シュミット首相は、実際的で、高いモラルと見識と能力に支えられ、専門知識を備え、多くの人々に尊敬された首相であった、といえよう。これに対してコール新首相は、しっかりとCDU内を掌握し、権力の維持にたけた、直観の優れた、突進力のある首相であった。しかし、ベルリンの壁が崩壊した一九八九年一一月までは、ソ連のゴルバチョフ書記長をナチの宣伝相ゲッペルスと同列視するかのような発言がソ連を怒らせた事件も報じられ、コール首相に対する評価は、必ずしも高かったわけではなかった。

九　コール政権の誕生と一九八七年九月までの東西ドイツの状況

(1)　東西両ドイツの接近

コール首相は八二年一〇月に行われた最初の施政方針演説で、外交・東方政策の継続と大西洋同盟、統合欧州の政策を堅持することを約束した。そしてドイツの統一については、ドイツ民族の自由な自己決定によって、その統一を獲得することができるような平和的な欧州を築くことが西ドイツの政策であることを明言した。

しかし、西欧同盟の加盟国の地位を固め、東ドイツとの調整、ソ連・中東欧諸国との協力関係を東方政策によって、一応正常な関係に持って行った西ドイツの国民は、微妙な変化に遭遇していた。すなわち、「東ドイツは西ドイツ人にとってはますます疎遠になった」(H・A・ヴィンクラー著『自由と統一への長い道II』(後藤ほか訳、昭和堂) 四一〇ページ)。確かに、一九八〇年代の初めには、西ドイツ人の中に、西ドイツは国家として(ドイツ統一を除けば) 西欧同盟に固く結び付けられ、ソ連・中東欧諸国ともそれなりに友好協力関係を築き、他方東ドイツもそれなりに発展して、国際的にも多くの国と国家関係を持つに至っており（因みに日本は一九七三年秋に、米国は七四年に東ドイツと外交関係を結んでいる）、西ドイツがいつまでもドイツ再統一を目指す必要はなく、同じドイツ民族の国であるオーストリアと同じように東ドイツを見るべきである、というような意見も聞かれた。西ドイツは基本法の理念を実現した立派な独立の国である、というのである。このように「西ドイツの知識人によるドイツ分断の甘受は八〇年代半ばにははるかに進展した。」（ヴィンクラー・同四一八ページ）

こうした中で、東西両ドイツ首脳、コールとホーネッカーの初めての会合が一九八四年二月に実現した。モスクワで行われたユーリ・アンドロポフソ連書記長の葬儀においてであった。そして、コールとホーネッカーの二度目の会談は、一九八五年三月、やはりモスクワで行われた。今度はソ連書記長チェルネンコの葬儀の機会であった（チェルネンコの後任にはゴルバチョフが登場した）。この機会に両者が話し合ったのは、国境の不可侵性と現在の国境でのヨーロッパ諸国の領土保全と主権の尊重などであったが、この後、以前から行われた東ドイツの反体制の廉で東ドイツ内で逮捕・収容されたり、政治的に迫害にあっている者などを西ドイツ政府が東ドイツ政府にお金を払って西ドイツに出国させる、所謂Freikaufに東ドイツ政府はより寛大な態度をとった、と言われる。東ドイツの「寛容性」の背後には、従来西ドイツ保守派政治家の棟梁であったCSUのシュトラウス党首（与党CDUの姉妹党であるキリスト教社会同盟の党首）が音頭を取って、東ドイツ政府に一〇億マルクの借款を供与したことがあったといわれる。

そして、ついに、一九八七年九月には東ドイツの国家評議会議長であるエーリヒ・ホーネッカーが西ドイツを訪問するに至った。西ドイツ側は、両独関係はお互いに外国ではないことを踏まえて、ボンの首相府官邸前で行われた歓迎式典では、ゲンシャー外務大臣は出席しなかったし、ボン市庁舎でのゴールデン・ブックへの記帳は行われなかった。しかし、ホーネッカーは、連邦大統領始め西ドイツ政府・西ドイツの政党の要人には会見しており、地方旅行、たとえばホーネッカーの生まれ故郷であるザール地方のノイキルヒェン、シュトラウスが首相であるバイエルン州の州都ミュンヘンなどの訪問は外国賓客の公式実務訪問と何の変わりのない様相を呈した。ここに両独関係は頂点に達したのである。もっとも、シュミット首相の時代に首相自身が東ドイツを訪問したことがあったが、ちょうどポーランドで戒厳令が敷かれ、この西ドイツ首相の東ドイツ訪問は東西関係の深刻さの中に埋もれてしまった。

⑵　東ドイツのこと

ここで、東ドイツの発展の歴史を簡単に振り返ってみたい。

実際、ドイツ分断で最も重荷を負ったのは東ドイツ住民であった。一九九〇年一〇月三日にこの国は歴史的には西ドイツに吸収されて消えてなくなったが、敗戦から四五年の長い間、共産主義の体制下で苦悩してきた約一七〇〇万人の人々の運命は私個人にとって無視し得ざるものがある。現に私は、七〇年代の初め西ベルリンの総領事館に副領事として勤務し、その時の仕事は専ら東ドイツの情勢のフォローだったし、九〇年代後半にベルリン総領事としてベルリンに勤務した時の重要な仕事の一つは、統一後の東ドイツの人々がスムーズに西ドイツの人々と一体化できるかを見ることであった。

東ドイツ（正式国名は、ドイツ民主共和国）は、一九四五年にモスクワ亡命中のウルブリヒトが赤軍（ソ連軍）とともに帰国し、ドイツ共産党が一九四六年初め東のＳＰＤと合同（合同といっても実際はソ連、ドイツ共産党に東のＳＰＤが強制的に合体された）してＳＥＤ（社会主義統一党）となり、一九四九年一〇月、西側で西ドイツ（ドイツ連邦共和国）が建国された後、ソ連占領地区で建国された。初代大統領にヴィルヘルム・ピーク、首相にはオットー・グロテヴォールが就任した。国家といっても事実上はソ連の指図の下での、Ｓ

ＥＤ、さらに言えばウルブリヒトの独裁体制であった（ウルブリヒトは一九五〇年、党書記長に就任した）。資本主義の西ドイツと対比し、東ドイツは反ファシズム、社会主義の建設を唱えていた。言及しておかなければならないのは、西ドイツＳＰＤの指導者クルト・シューマッハーが共産党との統一に最後まで反対したことである。彼の存在により、西ドイツのＳＰＤは西ドイツの独立の党として、将来東方政策を展開することになるのである。

東ドイツの国境線

東ドイツでは、一九五三年労働ノルマの引き上げが契機となって東ドイツ市民の暴動となった経緯がある。一九五五年、東ドイツはソ連によって主権が承認され、ワルシャワ条約機構の加盟国になった。東ドイツはソ連の利益を反映し、ある時は、西ベルリン（「赤い国——東ドイツ——の中に浮かぶ島、西ベルリンという喉に刺さったとげ」、逆に、西側にとって、西ベルリンは西側のショーウィンドーでもあった）への西ドイツからのアウトバーンの通行を妨害したり、西ベルリンから西側三連合国軍隊を追い出して西ベルリンの自由都市化を唱えるソ連の主張に同調したりして西ドイツに圧力をかけた。それは、東ドイツの国際的な承認を西ドイツからも得るという最も大きな目標のためであった。しかし、経済的に自国の発展を実現したり、国民を満足させることは至難の業であった。例えば、一九六一年八月一三日のベルリンの壁構築も東ドイツが必要とする労働人口の西ドイツへの流失を阻止することが東ドイツの主たる理由であったといわれる。「一九六一年八月一三日の処置がなければ東ドイツが一九九〇年までも生き残れなかったであろう。」（Hans Modrow ——注：SED最後の東ドイツ首相——：„Ich wollte ein neues Deutschland“; dietz berlin 八六ページ）

一九五〇年代末から六〇年代初め、短い時間であったが東ドイツの経済が比較的順調に進み、一時機は「西ドイツに追いつき、追い越せ」と党から指示されたり、一定の範囲で経済的に企業の自主性を一部認め、中央集権主義が放棄された時もあった。「すなわち、計画と指導の新経済システム」（NOSPL）である。しかし、これもモスクワの反対にあって修正され、経済はその後停滞していった。一九六八年に至ると、ウルブリヒトは自国を「モダンで、産業が高度に発展した国の社会主義」と規定し、ソ連指導部の不快を招いた。西ドイツが東方政策を展開して、まずソ連との関係を優先し始めたのにもかかわらず、相変わらず、東ドイツの国際法的承認を優先させるウルブリヒトが疎ましくなったソ連は、ついに七一年五月、ホーネッカーを東ドイツの書記長に就任させた。

六九年から七〇年代初めは、西ドイツの東方政策の真っ只中にあったが、この頃の東ドイツ指導部の心配は、イデオロギーの面で東ドイツ国民が西ドイツに靡くのではないかということであった。ホーネッカー指導部はしきりに（西ドイツとの）「分離」（Abgrenzung）を唱えていた。

しかし、西ドイツの東方政策は、東ドイツの国際的認知を促進した一方、欧州安保協力会議の項で示したように、人権問題、人的交流の活発化の面で西ドイツを含む西側に攻勢のチャンスを与え、東ドイツにとって難しい問題を投げかけた。そこで東ドイツがとった処置の一つは、東ドイツ国民に対する消費物資、電化製品の供給アップであり、それにより東ドイツ国民の心を東ドイツにつなぎとめることであった。しかし、それはまた西側からの輸入を増加させ、東ドイツ経済を圧迫していった。さらに東ドイツ経済を苦しくしていったのは、石油危機を契機にソ連が旧来の、東側の通貨による石油の供給をハードカレンシー（西側通貨）によって売却することに変更したことであった。東ドイツにとっては余計輸入のための外貨が必要になったのである。

東ドイツが一方で西ドイツから分離しようとし、他方で経済的に苦しくなってゆく方向にあった八〇年代前半、非常に興味深い現象が現れてきた。東ドイツが東ベルリンの目ぬき通りウンター・デン・リンデンにプロイセン時代の英雄フリードリッヒ大王の銅像を打ち立てたのである。さらにホーネッカー自身が宗教改革者ルター生誕五〇〇年祭記念式典の委員長に就任したのである。西ドイツがドイツ国家の後継国家であることを明言したのに対し、東ドイツが、「ドイツは生まれ変わっている。西ドイツはファシズム国家であり、資本主義の国家である。これに対し、東ドイツこそドイツ文化を正当に引き継いでいる」と主張しているようにも見える。従来東ドイツは、東ドイツ国家と国民のアイデンティティーを見出すのに苦労してきたが、つまるところイデオロギー的にのみ東ドイツ国民の中に国家のアイデンティティーを見出すほかになかった。国民と東ドイツ国家とのアイデンティティーを獲得すること、これこそ、東ドイツがいくら国際的に認知されようとも、最後まで達成できなかったところである（この点、東ドイツはポーランド、ハンガリーとは異なる悩みを抱えていた）。このような基本的な問題を抱えながら、一九八七年九月に、ホーネッカー国家評議会議長・党書記長が西ドイツを訪問するに至ったのである。

一〇　中東欧の新しい動き——ポーランド自主管理労組「連帯」結成と戒厳令布告

中東欧が比較的安定したと思われた一九八〇年夏、ポーランドでは七月の食品・肉の価格引き上げに抗議して、八月半ば過ぎにグダニスク（ドイツ名ダンチッヒ）のレーニン造船所の自主管理労組「連帯」がストライキを行い、政府に対して検閲の廃止などの政治的自由を要求した。ハンガリー革命、チェコスロヴァキアへのワルシャワ条約軍の侵入事件があるだけに、ポーランドでの出来事は、東西間で緊張を持って見つめられた。

「正常化」の沈滞した雰囲気の中で、チェコスロヴァキアの共産党機関紙は連日のごとくポーランドの出来事を強く批判し、八一年夏にはついにこの動きを「反革命」と呼び、ポーランドの動きが自国に及ぶことを強く警戒していた。東ドイツも同様にポーランド統一労働者党への批判を明確にしていた。在チェコスロヴァキア日本大使館の毎朝の新聞会議も、もっぱら党の機関紙のポーランドについての報道ぶりの分析であった。チェコスロヴァキア共産党の党機関紙「ルデ・プラボー」を読んでいると、日に日に党がポーランドの情勢の推移を強く懸念していることが手に取るように伝わってきた。

八一年秋には、「連帯」はワレサを議長とした自主管理労組として党からも公認された。こうして、ポーランドは、限定的ではあるが、党と「連帯」という共産主義社会では想像しがたい二重権力構造となった。

さらに他の中東欧社会とポーランドが違うのは、カトリック教会の影響力が強かったということである。一九七八年暮れにポーランド出身のヨハネ・パウロⅡ世がローマン・カトリック教会の法王に選出され、この法王が、七九年に故国を訪れたことで、ポーランドではますますカトリック教会の影響力が増していたのである。「連帯」の打ち出す自由化の要求には、カトリック教会の精神的な力強いバック・アップがあったのである。

ポーランドの進展を憂慮したソ連はじめ中東欧の共産党指導者は、ポーランドへの介入を検討した。一九八一年一二月一三日、ついにポーランドに戒厳令が敷かれた。「連帯」の指導者たちは逮捕・連行され、ポーランドへの外部からの連絡は一切立たれた。一三日は日曜日であったが、私は、早朝現地職員の一人から知らされた事実を確認するとともに、熟慮した後で在ポーランド日本大使館と連絡を取るため、プラハのポーランド大使館の次席を訪ね、日本大使館員のワルシャワ訪問を可能とするように申し込みをした。この申し込みは、即座に聞き入れられた。戒厳令発令は、ワルシャワ条約軍の介入に先立って、ポーランドが先手を取ってワルシャワ諸国の介入を防ぐためだった、という解釈が大勢であった（戒厳令は、八三年夏まで続いた）。

一一 「ベルリンの壁」崩壊への前奏曲

(1) ゴルバチョフ・ソ連書記長の登場とソ連の改革

一九八五年三月、故チェルネンコ書記長の後任としてミハイル・ゴルバチョフがソ連共産党書記長に選出された。彼は、党の改革派であったが、生粋の共産主義者であり、経済が停滞し、汚職が蔓延するソ連体制を「建て直し（ペレストロイカ）」、レーニンの描いたソ連の社会主義を建設しようとした。そのためにも、党の情報独占を打破し、秘密主義を若干訂正し、情報をもっと「公開（グラスノスチ）」しようとした。

事実、ゴルバチョフが書記長に就任する前には、大韓航空機が樺太上空で、ソ連空軍機に撃ち落とされ、乗客乗員全員が死亡する事件があったが、この事件でさえも、日本の航空自衛隊が傍受した大韓航空機とソ連空軍の交信記録で明らかになるまで、ソ連からは発表されなかった。ゴルバチョフが就任した後の一九八六年四月、チェルノブイリ原子力発電所（黒鉛炉）第四号炉が爆発した。事故当初約三〇人が死亡し、放射能が広範に撒き散らされ、その後二〇〇〇人が甲状腺癌などにさらされた。この事故さえ、ソ連が公式に認めたのは事件の四日後であった。このようなソ連の秘密主義を批判し、ゴルバチョフはソ連社会をより風通しのよいものにし、外交、国内を立て直そうとした。彼の時代に、ソヴィエト憲法は改正され、憲法から「共産党の指導的役割」が除去された。さらに外交では、八七年に米国レーガン政権との間で「中距離ミサイル撤廃条約（ゼロオプション）」が合意され、八八年にはアフガニスタンからの撤退が決定され、同年からソヴィエト兵の撤退が始まった。

ゴルバチョフは、中東欧においても各国がある程度の裁量を持って社会主義を建設してゆくのを認めようとした。ゴルバチョフは、一九八八年一二月の国連演説で各国が独自の社会主義国家を作るのにモデルはないことを認めた。ブレジネフ・ドクトリンの否定である。中東欧各国は、もはやある特定のモデルに基づいて社会主義国家を建設したり、ソ連の介入を恐れる必要がなくなったのである。もちろん、ソ連共産党の中には、ソ連のこうした姿勢を懸念する勢力もあった。しかしソ連の改革の必要性は、誰しも反対できなかったし、もっと急進的な改革さえも唱える人々もいた。ゴルバチョフの悲劇は、ソ連の改革に乗り出した以上、改革が中途半端では収まらなかった点を彼自身が理解しなかったことであろう。また、中東欧の改革についても、これら諸国が社会主義の枠内にとどまる、と考えたのも楽観的過ぎた。

(2) 中東欧諸国の動き――歴史的な一九八九年秋の「ベルリンの壁」崩壊を中心に

(イ) ポーランド――円卓会議の開始と非共産党出身の首相誕生

ポーランドでは戒厳令解除後も、物価の急激な上昇、ストライキ、工場占拠などが頻発し、共産党の権威失墜に反比例するように「連帯」の権威は上昇していった。

一九八八年一二月、「連帯」の「市民委員会」が結成された。そして、一九八九年二月、共産党は「連帯」を公式に交渉相手として認め、「円卓」会議が始まった。この結果、六月四日に上下両院の選挙が行われ、「連帯」は上院で一〇〇議席のうち九九議席、下院では競争を認められた全議席を獲得した。同年九月には、初めて非共産党員のタデウシュ・マゾヴィエツキーが首相に就任し、一二月、安定化計画を採用し、「市場」経済が開始された。そして、翌九〇年一月、ついに共産党自体が解散された。

オーストリア・ハンガリー国境の鉄条網を切断するオーストリア外相モック（左）とハンガリー外相ホルン（ハンガリー通信提供）

(ロ)　ハンガリー――上からの改革とオーストリアとの国境の鉄条網撤去

一九五六年の革命が失敗に終わった後、カーダール政権はソ連の機嫌を損ねないように圧政と懐柔の政策をとり、とりあえず国の安定を回復させた。一九六八年に始まった「新経済メカニズム」は若干の自由所有を認め、社会主義経済に刺激を与えようとしたものであったが、この政策については、ハンガリーの経済学者コルナイ・ヤーノシュが示唆したように、基本的には国家が供給を計画するものであり、常に需要を満たされない社会主義経済の常なる「不足の経済」の状態は変わらなかった。それでも、カーダール政権下、ハンガリーでは外国旅行は比較的自由に行われ、物資供給もほかの共産圏

オーストリア・ハンガリー国境を越えてオーストリアに入国する東ドイツ市民（ハンガリー通信提供）

に比べれば相対的に豊富であった。こうして、「不可思議なことにも、この憎まれるべき『モスクワの代理人』は時間とともに数十年間、これまでの敵方、そして多くのこれまで彼の犠牲になったものさえからも、『国父』と呼ばれるようになり、超大国の代理人として世界中からさげすまされた男から国際的に著名な政治家に変わっていった」（パウル・レンドヴァイ著、稲川訳『ハンガリー人』四六六ページ）。しかし、八八年、年老いたカーダールは、引退を強いられ、一九八九年六月、五六年革命の英雄ナジとその仲間は正式に埋葬し直され、最高裁はその後ナジの名誉を回復させた。フィデス（青年民主同盟）党首オルバーン・ヴィクトル（二〇〇一年八月現在首相）はナジの埋葬式で弔辞を述べたひとりであった。そしてカーダールは亡くなったが、それに先立ち、複数政党制も導入された。ハンガリーの体制転換は共産党（の改革派）自身がイニシアティブをとった点で他の中東欧諸国とは異なる。

一九八九年五月二日、ハンガリー共産党政府は、西部のオーストリアとの国境の鉄条網を切った。一九七〇年頃よりハンガリー西部のバラトン湖周辺では多くの東ドイツ人が夏の避暑を過ごす習わしがあり、この年も多くの東ドイツ人が滞在していた。オーストリアとの国境が開かれたとの噂を聞き、ますます多くの東ドイツ人がハンガリーに殺到し、首都ブタペストの西ドイツ大使館は西ドイツへのヴィザを求める東ドイツ人でいっぱいであった。そして、九月一一日、ハンガリー政府は正式に西部国境を開放した。従来東ドイツとハンガリーの間には、ハンガリーに入国した東ドイツ人を第三国に出国させないという取り決めがあり、東ドイツ政府はハンガリー政府に、東ドイツ国民を出国させないよう圧力をかけたが無駄であった。こうして東ドイツ人たちは大挙して西側へ出国した。「ハンガリーの移行は、もう一つの共産主義体制、東ドイツの体制の解体に決定的役割を演じた」（トニー・ジャット『ヨーロッパ戦後史下』二〇四―二〇五ページ）。

(ハ) 東ドイツの状況――ベルリンの壁崩壊へ

隣国ポーランドやハンガリーと違って、東ドイツの国家と党は八九年前半まではほとんど変革の動きはなかった。むしろ、東西両ドイツでは統一は遠のいているという状況であった。しかし、八九年五月、SEDが選挙結果を改ざんした事実が明らかになり、これに対する抗議デモと鎮圧が行われた。折しも中国の天安門広場での強圧的なデモ鎮圧があり、東ドイツでは「アジア的」解決が憂慮されるような状態であった（この日、ポーランドでは「連帯」が勝利した上下両院選挙が行われており、その対比が明確である）。

こうした中で、五月にオーストリアとの国境の鉄条網を切ったハンガリー政府は、九月にオーストリアとの国境を正式に開くことを決定し、ネーメト首相、ホルン外相は、八月下旬ボン郊外ギムニッヒ城で西ドイツのコール首相、ゲンシャー外相にそのことを伝えた。それ以降、東ドイツ人は大挙して西ドイツに出国した。それに先立ち、ポーランドのワルシャワ、チェコスロヴァキアのプラハ、ハンガリーのブダペストの西ドイツ大使館には数千人の東ドイツ人が押し寄せ、西ドイツへの出国を待っていた。特にプラハの西ドイツ大使館での出来事はドラマチックであった。九月末には大使館の衛生状態も我慢できない状態になり、ニューヨークで開かれていた国連総会に出席していたゲンシャー外相は、東ドイツ外相、チェコスロヴァキア外相、ソ連外相らとの話し合いの末、自らザイタース首相府大臣と共にプラハに飛び、大使館に籠って、東ドイツに不信感を募らせていた東ドイツ人を説得し、自ら特別列車に同乗し、東ドイツのドレスデン経由で西ドイツに出国せしめた。この時、ドレスデンでは列車に同乗しようと多数の東ドイツ人が駅周辺に殺到し、これに対して東ドイツ治安当局が暴力をふるうのを防止しようとする東ドイツ要人も出てきた。ドレスデン地区第一書記のハンス・モドロウもその一人であった。

東ドイツの党及び国家への批判的抗議デモは、一九八九年半ばから徐々に活発になっていたが、九月初めのライプチッヒのニコライ教会での祈りの後で組織された月曜日デモは、これまでで最大のものであった。その後設立された「新フォーラム」はその後の改革運動に重要な役割を果たした。ライプチッヒの月曜日デモやこの種の市民運動は広がってゆくが、彼らの主張には東ドイツを去るのではなく、国を改革したいとの希望があった。ライプチッヒでの月曜日デモはさらに広がり、市民運動の波は、「民主主義を今」、「平和と人権イニシアティヴ」、「民主主義の出発」、「民主的社会グループ」などに広がっていった。ここで注意しておかなければならないのは、ポーランドと違って東ドイツでは伝統的にカトリック教会の影響力がほとんどないことである。プロテスタント教会の伝統があるこの国では、教会は社会主義的な考えに近く、党と一定の範囲で協力し、反対派を保護するという役割を負っていた（この代表的人物は、マンフレート・シュトルペで、彼は東ドイツの新教派幹部で、教会と国家の仲介役を買って出て、統一後は、ブランデンブルク州首相、その後は連邦交通大臣を務めた）。

一〇月七日は東ドイツ建国四〇周年であった。東ドイツの人々が、「ゴルビー、ゴルビー」と叫ぶ中で、建国記念に出席したゴルバチョフは、ホーネッカーに対して、改革の必要性を説得したが、ホーネッカーには通じなかった（ゴルバチョフがホーネッカーに警告したという言葉は、ソ連政府スポークスマンの発言「遅れてくるものは罰せられる！」として有名になった）。

さらに、一〇月九日に予定されていたライプチッヒの月曜日デモに対し、ホーネッカーたちは治安当局を出動させ暴力で鎮圧しようとしていた。しかし、これには党の中でも反対する勢力（エゴン・クレンツが筆頭）が結集され、ついに一〇月一八日にホーネッカーは解任された。

デモはさらに拡大し、全国に広がるとともに、民衆の要求も、自由選挙の実施、表現の自由、党の指導性の放棄などに広がっていった。ホーネッカーの後任に選出されたクレン

崩壊したベルリンの壁（ハンガリー通信提供）

ツは民衆の信頼を得ていなかった。さらに、一〇月初めの事件以来停止されていたチェコスロヴァキアへの出国も一一月初めに再開され、チェコスロヴァキア政府は、東ドイツ国民に西ドイツへの出国を認めたのである。こうして、東ドイツ国民はチェコスロヴァキアを経由すれば西ドイツへ行けるようになり、ベルリンの壁は、実質上意味を成さなくなっていた。

こうした中で、SED中央委員会が開催され、政府は新しい旅行法を承認した。この旅行法は正式には一一月一〇日に発効することになっていた。しかし、九日夕刻七時に開かれた記者会見で党の報道官のシャボフスキーは質問に答えて、自由な新しい旅行法が直ちに発効すると答えた。報道は直ちにボン始め世界に伝えられ、様子を見に来た東ドイツ市民は検問所を越え、西ベルリンおよび西ドイツに殺到した。「ベルリンの壁」は遂に落ちたのである。この事実は、折から会期中であった西ドイツの連邦議会にも伝えられ、議員は総立ちになって、ドイツ国歌を歌ってベルリンの壁の崩壊を喜んだ。

二　ドイツ統一

(1) コール首相の一〇項目提案

ベルリンの壁が崩壊した一一月九日、西ドイツのコール首相はポーランドを公式訪問中であった。一〇日ボンに戻り、さらにベルリンに移った首相は、ヴァイツェッカー大統領、モンパー西ベルリン市長、ゲンシャー外相、ブラントSPD名誉党首（元首相）らとともに、壁の崩壊を祝賀する行事に参加した。

ベルリンの壁の跡

東ドイツでは、一一月一七日、改革派ハンス・モドロウがSED最後の首相になり、西ドイツに対し

ブランデンブルク門前で軍服を売るソ連兵

て条約共同体を提案した。

一方西ドイツでは、コール首相が側近との間で今後の進むべき道を協議し、一一月二八日、一〇項目プログラムを連邦議会で発表した。一〇項目プログラムは、東ドイツが政治・経済体制を根本的に改革することを条件にモロドウ東ドイツ政権と協力してゆく、両ドイツは国家連合を目指す、などを内容とした。事前に英国首相サッチャーやフランス大統領ミッテランなど西側の指導者にも相談することなく、さらには連立を組んでいるFDP党首のゲンシャー外相にさえ内密に、ごく少数の側近の間で検討された（一〇項目プログラムでは、ポーランド西部国境線の承認については触れられなかった）。ただ一人米国のブッシュ大統領のみがコール首相から直接電話説明を受けた。ブッシュは直ちにドイツの統一を支持すると同時に、統一ドイツのNATOへの帰属、ドイツの統一はヘルシンキ・プロセスに従いヨーロッパの安全と平和の中に組み込まれ、その中で、ポーランドの西部国境を承認することを前提条件とした。一二月三・四日マルタで行われた米ソ首脳会談で、ブッシュは米国がドイツ統一を支持していることを明確にゴルバチョフに伝えた。その直後開かれたNATO首脳会議では、ブッシュが、(イ)ドイツの自決権への支持、(ロ)統一ドイツはNATOおよびEC加盟国であること、(ハ)段階的で平和的な統一であること、(ニ)ヘルシンキの最終文書に従い現存の国境は不可侵であることを前提に、米国はドイツ統一に賛成であることを表明し、ドイツの統一を不安視していた英国のサッチャー首相やフランスのミッテラン大統領はドイツ統一に反対できなくなった。一二月八・九日開かれたEC首脳会議に先立ち、コール首相はフランスのミッテラン大統領と会談し、西ドイツがフランスの主張していた経済・通貨同盟に賛成することを伝え、これによってフランスがドイツ統一に異議を唱えないようにしていた。それは、西ドイツが、ヨーロッパに来たるべき共通通貨が登場する際にはこれまで最強の通貨であったドイツ・マルクを放棄し、欧州の中のドイツ（ドイツがこれまでの欧州統一を無視してドイツの利益を最優先する、ドイツの欧州になることをやめる）となることについてのコミットメントであった。こうして、フランスはドイツの統一を受け入れたのである（フランスのドイツ統一への不安はなおも大きく、ミッテランは一二月二〇日になって東ドイツ・ドレスデンを訪れ、なおフランスのこうした不安を示したほどであった）。コール首相はこうして「権力ゲームの戦術家からステーツマンになった。決定的瞬間に彼は目標を意識する、政治的勘の優れた、自律的な人物として行為したことで、過去の無数の行為の拙さ、失敗、弱さの記憶は消え去り始めた」（H・A・ヴィンクラー著『自由と統一への長い道』五〇四ページ）。一〇項目プログラムはドイツの国家的な統一に明確なスケジュール表を付したのではなかったが、それでもコール首相は内政上も統一のイニシアティブを握ったのである。

東ドイツの西ドイツ加盟方式によるドイツ統一は不可避となった。一一月には、両ドイツの協力、東ドイツの改革を唱えていたかに見えた国論が、一二月に入ると、「我々は一つの民族である」、「ドイツ、一つ祖国」という東ドイツ民衆の叫び声にみられるように、ドイツ統一を望む国民の声が圧倒的になった。この世論は、東ドイツのみだけでなく西ドイツでも同様であった。

かくして、一九九〇年一月には、ソ連（ゴルバチョフ）もドイツ国民が望むならば統一に反対しない、というふうに政策転換を行った。東ドイツ首相のモドロウは段階的プランと称するモドロウ・プラン（東西両ドイツの協力、国家連合の条約締結など）を唱えていたが、西ドイツ及び国内世論はすでに国家の統一に向かっていた。

三月一八日、東ドイツで人民議会議員を選ぶ自由な選挙が行われた。結果は西ドイツCDUの大々的支援を得た東ドイツのCDUの勝利であった。四月、CDUのデ・メジエールが首相に選出され、SED政治は終わったのである。CDUの勝利は、西ドイツ基本法二三条による、東ドイツの西ドイツへの加盟方式の実現を意味した。国家統一には、全ドイツ国民の選挙を経て全ドイツ議会がドイツ統一を決議するという、基本法一四六条による方式もあったが、コール首相らはむしろ早急なドイツ統一を望み、二三条方式を選んだのである。その背景には、東ドイツの経済状態が予想以上に悪く、そのまま放置できない状態にあったこと、それに加えてソ連でゴルバチョフ書記長、エドワルド・シュヴァルナーゼ外相体制がいつまで続くかわからないこと、などがあった。

(2)　ドイツ統一の外的側面

ドイツの統一には、統一ドイツと米・英・仏・ソの四大国との関係、同盟関係、統一ドイツの兵力、ポーランドとの国境、東ドイツに駐留していたソ連軍一九個師団の撤退問題などの対外的側面と、統一ドイツの通貨、旧共産主義下で没収されていた財産の問題などの対内的側面の双方があった。ドイツ統一の二つの側面については沢山の解説があるので詳細には触れないが、対外的側面について言えば、「2プラス4」のフォーラムで交渉された。これは、東西ドイツと四つの旧占領国で行われた。読者は記憶されていると思うが、四つの旧占領国は、一九五五年に両ドイツが主権を回復した後も、依然として、ドイツ全体とベルリンに関し権限と責任を有していたのである。最大の問題点は、統一ドイツ全体のNATO帰属の点と、統一ドイツがポーランドの西部国境としてオーデル・ナイセ国境線を認めるかであった。

第一の点については、米国がドイツ統一の前提条件としており、他方ゴルバチョフのソ連がそれをのむことは難しい問題であった。ゲンシャー外務大臣は、一九九〇年一月末、ミュンヘン郊外のトゥッティングのアカデミー講演で、統一ドイツはNATOに属するとしつつ、現東ドイツの部分にはNATOの軍隊は配属しないと明らかにした。ソ連や東ドイツ指導部からは、統一ドイツの中立化さえささやかれた。この問題に活路が開けたのは、五月末、米国を公式訪問中のゴルバチョフと米国ブッシュ大統領の会談であった。この会談で、ブッシュ大統領が、ヘルシンキ最終文書を引用して、すべての国が自国の同盟関係を自由に決定できることを述べた時、ゴルバチョフはこれに同意した。一方ゲンシャー外相とシュヴァルナーゼ・ソ連外相は、NATOとワルシャワ条約機構が一層政治的同盟に変化することがドイツのNATO帰属をソ連にとって受け入れやすくすることを鮮明にし、両同盟の協力体制の構築に向けて努力していた。こうして、七月半ばコール首相、ゲンシャー外相ほか西ドイツの政府使節団はモスクワを訪問し、ゴルバチョフ書記長以下ソ連指導者と交渉した。折からソ連共産党大会も開かれており、ゴルバチョフにとっても正念場であった。ゴルバチョフは、党の古参から東ドイツ始め東欧諸国を売る気かなどの批判を受けた。さらに場所をコーカサスにあるゴルバチョフの別荘に移して独ソ間で難しい交渉が行われた。

これらの交渉の結果、記者会見で、コールはゴルバチョフとの間で次の合意点に達した旨を明らかにした。(イ)統一ドイツは、ドイツ連邦共和国、ドイツ民主共和国、東西ベルリンを包含する。(ロ)ドイツ統一が完成したときは、四大国の権利と責任は完全に消滅し、ドイツは完全なる、何らの制限のない主権を有する。(ハ)統一ドイツの主権は無制限で、ドイツは自らの決定でどの同盟に属するかを決定できる。これは欧州安保協力会議（CSCE）のヘルシンキ最終文書に合致する。(ニ)統一ドイツがNATOのメンバーになることを希望する、とのドイツ連邦政府の見解を表明する。ドイツ民主共和国政府も同じ見解であることを確信する。(ホ)統一ドイツはドイツ民主共和国からのソヴィエト軍の撤退についてソヴィエト政府と協定を結ぶ。ソヴィエト軍の撤退は三年ないし四年かかるものと思う。(ヘ)ソヴィエト軍が現在のドイツ民主共和国の領域にとどまっている間は、NATO軍はかってのドイツ民主共和国領域には展開しない(ドイツ連邦軍のNATOに属さない部隊は統一ドイツとベルリンにドイツ統一が実現すると同時に展開する)。三大国(米・英・仏)のベルリン駐留軍隊は、ソヴィエト軍がかっての東ドイツに駐留する間、ベルリンに駐留する。この点に関しては西ドイツ政府が西側連合国と交渉する。(ト)統一ドイツの軍隊は総勢三七万人とする。この点はウィーンで行われている欧州通常戦力削減交渉(CFE、一九七三年以来ウィーンで、中欧に於けるNATOとワルシャワ条約軍の兵力削減交渉――当初MBFRと呼ばれていたが途中からCFEと呼ばれるようになった――が行われていた)の場でドイツが合意に先駆けて削減を発表する。(チ)統一ドイツは、核兵器、生物兵器、化学兵器の生産、所有、使用を放棄し、核不拡散条約(NPT)の締約国であり続ける。

こうしてドイツ統一交渉の山場は乗り越えられた。米・英・仏三国の了解を得られたのはもちろんであった。

ポーランド西部国境線、すなわちオーデル・ナイセ線の統一ドイツによる承認については、ポーランドがドイツ統一前の条約による承認を要求したが、結局ドイツ統一後、統一ドイツ政府とポーランド政府の条約により、ドイツとポーランドの国境線をオーデル・ナイセ線とすることが、七月パリで行われた西ドイツとポーランドの外相間の会談で決着した。ドイツとポーランドはドイツ統一後の一一月、この趣旨の条約を承認した。

(3) ドイツ統一の内的側面

一方、内的側面においては、両独間経済・通貨・社会同盟が、特に通貨同盟の成立が焦点であった。東ドイツの国民は一刻も早い西ドイツ・マルクの東ドイツへの導入を希望した。「ドイツ・マルクが来なければ我々のほうが西に行く！」というスローガンが東ドイツで見られたように、東ドイツ経済は苦しい状況にあった。ドイツ・マルクを求めて東ドイツ人の西ドイツへの出国が増えており、東ドイツ人を東に留めるためにもできるだけ早くドイツ・マルクの東ドイツへの導入を果たし、両ドイツの経済の一体化が望まれた。この結果、一九九〇年七月一日を期して、両独間経済・通貨・社会同盟が発足し、一五歳から五九歳までの東ドイツ人は賃金、俸給、年金を一人当たり四〇〇〇東ドイツマルクを限度として1対1の比率で西ドイツマルクに交換（それ以下の若者及び六〇歳以上の高齢者は六〇〇〇マルクを限度とする）することになった。

国家所有財産の民営化には、信託庁が設立された。また東ドイツ建国後に没収された資産は原則として「補償よりも返還を優先する」とされたが、所有権の確認はその後困難を極めた。また、極めて政治的、深刻かつ機微な問題であったのは、一般の東ドイツ国民に唾棄の如く嫌われたシュタージ（国家保安省）協力者が誰で、どういう活動をしていたかという問題であった。西ドイツも統一ドイツもこの問題については徹底して厳しく臨んでおり、ドイツ統一後は、一般市民が閲覧できるよう公的機関を設置してリストを保護したほどである（私が経験したことであるが、かつての東ドイツで活動し、日本の文化をこよなく好んだ人物がいたが、ドイツ政府から、その人物がシュタージへの協力者であった事実が伝えられたことがあった）。

一九九〇年六月より、西ドイツ内相ショイブレと東ドイツ副首相クラウゼとの間で両ドイツ統一条約の交渉が始まり、交渉は短期間で決着した。

ソ連軍の東ドイツ（一九個師団三七万人。家族を含めると約一〇〇万人）からの撤退問題

(ソ連軍引き上げ後のソ連での住宅建設、再教育問題など)は難航したが、西ドイツが一二〇億ドイツ・マルクを負担し、無利子借款供与三〇億ドイツ・マルクを提供することで合意した。

その後九月一二日、モスクワで「2プラス4」会議は決着し、一〇月二日午前〇時を機に四大国の権限と責任は消滅し、ドイツは完全に主権を回復した。こうしてドイツは、ベルリンの壁が崩壊してから一一カ月足らずで統一にこぎつけた。一〇月二日夜、ベルリンのシャウシュピール・ハウスでクルト・マズール指揮のライプチッヒ・ゲバンドハウス・オーケストラによるベートーベンの第九交響曲が演奏され、一〇月三日午前零時に帝国議会前に場所を移して、統一の記念行事が催された。

一三 チェコスロヴァキアの「ビロード革命」

ドイツの隣国チェコスロヴァキアは、一九六八年のワルシャワ条約軍侵入によって、「プラハの春」が壊され、「正常化」の道を進んだ。しかし、隣のポーランド、ハンガリー、東ドイツではソ連のゴルバチョフの改革によって改革が促進され、この流れはチェコスロヴァキアでも無視できなかった。

一九八八年、グスタフ・フサークは、ミロシュ・ヤケシュに第一書記の地位を譲った。しかし、共産党は改革を目論もうともしなかったし、大衆の方も抵抗しようという姿は見られなかった。この国の大衆は、暴力を使ってでも抵抗するような国民ではなかった。しかし、文化的には極めてヨーロッパ的であり、例えば作家のミラン・クンデラのように、国外で作品を発表し、「中欧文化」の火を燃やし続けた人もいた。またバツラフ・ハベルは政治的な人間ではないが、「憲章77グループ」（一九七七年、チェコスロヴァキア政府自身が署名したヘルシンキ最終文書や人権規約などで保障された人権を守るべし、というアピールを発出した人々）の代表格として、派手ではないが密やかに改革の火を燃やし続けた。

そして、チェコスロヴァキアでも、八九年一一月一七日、五〇年前にナチスがチェコスロヴァキア人ヤン・オプレタルを殺害した記念日に、警察がデモ中の一人の学生を殺害したとの情報が流れたのを機に、大挙して学生と大衆が街頭に出た。共産党はソ連が介入しないのを知ってかこの街頭デモを放置した。一九日にはハベルが首都に戻り、「憲章77グループ」とともに「市民フォーラム」を結成した。「市民フォーラム」は、法治国家、民主主義、環境の浄化、社会正義などを主張したが、極めてチェコスロヴァキア的なのは、その要求の中には「ヨーロッパへの回帰」が掲げられたことであった。

一一月二五日にはヤケシュなどの党幹部が辞任、一二月一〇日には新しい内閣が発足し、フサークは大統領を辞任した。当初、六八年事件の英雄ドプチェクを大統領にしようという動きもあったが、彼は連邦議会議長に就任し、対外的にもふさわしい人物としてハベルが一二月二八日、共和国大統領に選出された。こうして、短時間に、しかも平和裏に革命が実行され、世にいう「ビロード革命」が実現した。

一四　欧州統合の進展

これまでも、欧州統合の進展について触れたが、その後の進捗状況について述べておく。

一九七三年、英国がＥＣに加盟し、さらに七八年には西ドイツのシュミット首相とフランスのジスカール・デスタン大統領の協力の下でＥＭＳ（欧州通貨制度）が誕生した。さらに、一九八七年にはＥＣ単一市場が合意された。これにより、資本・人・モノがＥＣ域内で自由に移動できる体制になり、もともと自由、議会制民主主義、人権の重視を前提にしていたＥＣは、さらに統合に向けて大きく前進した。その陰には、西ドイツのコール首相とフランスのミッテラン大統領の協力があった。欧州統合を進めていたド・ロールEC委員長はミッテランの子飼いであったし、一九八四年ミッテランとコールは、第一次世界大戦の折のフランスとドイツの激戦の地であったヴェルダンの仏独兵士が葬られている墓前で、お互いに手に手を取り合って、友好の誓いを交わしていた。西ドイツとフランスの提携の下で欧州の平和裏の統合が進んでいたのである。

さらに、一九八五年には、域内の通関ではパスポートの提示を要しないシェンゲン条約も合意された。ECの持つ自由、民主主義、人権の尊重などは中・東欧諸国にとっていよいよ魅力を備えつつあった。

かくしてベルリンの壁構築に象徴される東西冷戦は終了し、「シュテティンからトリエステまでの鉄のカーテン」が開けられ、中東欧は欧州に復帰した。

一五　エピローグ——ドイツ統一と革命後の中東欧の動き

ドイツ統一後の一九九一年六月、ドイツ連邦議会は僅差で、ベルリンをドイツの首都と決定した。九九年秋には連邦首相府もベルリンで執務を開始し、ここに名実ともにベルリンが首都となった。そして、最後のソ連（その時はロシア）兵が、一九九四年八月三一日にベルリンを去った。

ドイツ統一後の九〇年一一月、「パリにおいてCFE条約がNATOおよびワルシャワ条約機構二二か国により署名された。大西洋からウラル山脈の間の領域における五カテゴリーの主要兵器について上限が合意された」（鹿取克章著『神のマントが翻るとき』二二五ページ）。署名国は、相互に新たなパートナーシップと友好の手を差し伸べたい旨を述べるとともに、武力の不行使、軍縮の重要性、信頼醸成の強化、CSCEの強化などを強調した。一一月二一日、CSCE首脳会議は、東西欧州諸国の緊密な協力の意思を鮮明にし、同機関の事務局をプラハに設置し、紛争防止センターをウィーンに、自由選挙確保のための事務所をワルシャワに設置するパリ憲章を採択した。

なお、その後、一九九一年一二月末にソ連邦が崩壊、中央アジアでカザフスタンなどが独立した。これら新興国などでの自由と民主主義の発展と確保の重要性が認められ、CSCEは、一九九五年以降名称をOSCEとし、日本もオブザーバーとなり参加している。

今日のドイツと近隣諸国

(1) NATOの変質とワルシャワ条約機構の消滅

ドイツの統一がほぼ明らかになり、中東欧との垣根が取り外されることが明確になった段階で、一九九〇年七月、NATOロンドン首脳会議は、「変革した大西洋同盟」を宣言した。

その骨子は、NATOが新たな時代に際し、より政治的な役割を担い、東側諸国との協力を求めてゆくというものだった。その後一九九一年五月、ワルシャワ条約機構は解消し、NATOはこの新戦略概念の下でさらにソ連・中東欧との対話と協力の意図を明らかにしていった。ソ連崩壊後の一九九四年には、「冷戦崩壊後の安全保障上の（欧州の）共通課題により効果的に対応するために『平和のためのパートナーシップ』プログラムに合意した」（鹿取・同二五九ページ）。さらに、二〇〇二年以降ロシアとＮＡＴＯの間には、ロシアＮＡＴＯ理事会が設置され、欧州大西洋地域の安全保障につき意見交換・協力を促進する仕組みになっている。

一九九九年三月には、ポーランド、チェコ共和国（一九九三年、チェコスロヴァキアは、チェコ共和国とスロヴァキア共和国に友好裏に分離・独立した）、ハンガリーなどがＮＡＴＯに加盟した。

しかし、依然としてロシアは米国に匹敵する核大国であり、米国、欧州諸国のロシアに対する警戒心はぬぐえていない。特に、ポーランドやチェコの対ロシア警戒心には無視し得ざるものがあり、他方ロシアのＮＡＴＯへの警戒心、ＥＵの東方への拡大に対する猜疑心も依然として存在している。前者については、米国とポーランド、チェコとのミサイル防衛を巡る協力、後者については、ロシアによる（ソ連邦解体後、独立した）グルジアへの武力介入、アブハチア共和国、南オセチア（グルジアの一部であった）の一方的独立承認問題などがある。

(2)　ＥＵのその後の発展

ＥＣは、その後、一九九三年にはマーストリヒト条約の発効により、ＥＵ（欧州連合）

に発展、これまでの通貨統合に向けての努力に加え、共通外交・安全保障問題についても政治協力を一歩進め、司法・内務協力との三本柱となった。さらに、二〇〇九年一二月には欧州理事会議長のポストが新設され、また共通外交・安全保障代表も任命された。

通貨協力に関しても、一九九八年にはフランクフルトにヨーロッパ中央銀行が設立され、一二カ国で採用された共通通貨ユーロが導入された。ユーロは二〇〇二年に市場で流通するまでに至っている。

そして、二〇〇四年、ポーランド、チェコ共和国、スロヴァキア共和国、ハンガリーなどバルト三国を含め一〇カ国が、さらに二〇〇七年にはブルガリア、ルーマニアがEUに加盟し、EU加盟国は現在二七カ国を数えている。

現在EUはユーロの安定化に大きな問題を抱えているが、これまでEUが長年培った英知を結集し、世界の発展のためにこの困難を克服してほしい。

(3) 東西ドイツ地域住民の融合

旧東ドイツ地域は、「新連邦州」と呼ばれる。私は一九九七年より二年間ベルリン総領事としてこの新連邦州を管轄した。ブランデンブルク州を除いて新連邦州の行政は旧西ドイツ出身の官僚が枢要な地位を占め、あたかも旧東ドイツは旧西ドイツに占領されたような感じであった。西ドイツ人は東ドイツ人のことをオッシ（ＯＳＳＩ）と蔑み、東ドイツ人は西ドイツ人のことをヴェッシ（ＷＥＳＳＩ）と呼び捨て、民営化された企業では圧倒的に西ドイツ人が有利な地位を占め、それが東西ドイツ人の融和を難しくしており、東西ドイツ人同士の精神的、物質的融和は非常に難しいものであった。特に東ドイツ出身者の「頭の中」の改革には、一世代も二世代もかかろうと言われた。私のいたころからもう一世代過ぎようとしているが、未だそれは解消していないようである。しかし、統一ドイツに生まれた世代が増えるにつれ、いつかは解消してゆくだろう。

おわりに

ドイツが統一され、中欧諸国も欧州に復帰して、ＥＵは世界的に声を一つにして発言力を増そうとしている。ＮＡＴＯでは、ドイツ連邦軍もその一員としてＮＡＴＯ域外で活躍するようになり、欧州をめぐる情勢も様変わりである。

振り返ってみると、まずゴルバチョフがソ連を改革しようとしたこと、米国のブッシュ大統領が逸早くドイツ統一に賛成したこと、コール西ドイツ首相が時代の流れをいち早く読み、米国・ソ連・欧州諸国首脳たちとの多くの困難な問題に外交的に巧みに、しかも大胆に臨んだこと、中欧諸国の政府や国民がゴルバチョフの改革を早期に巧みに嗅ぎつけ、革命的行動に出たこと、東ドイツの人々の勇気ある統一を叫んだ行動があった。

欧州統合の進展とNATOの存在が欧州の安全と繁栄につながり、それが東ドイツを含め中欧諸国の改革と欧州への復帰の呼び水になった。それに西ドイツのアデナウアー初代首相からブラント首相、シュミット首相時代に培った西欧・西側への強いきずな、コール首相の直観力とゲンシャー外相の国際的重み、ソ連東欧との和解・協力への息の長い努力がドイツ統一に結びついたものと考える。

今後、ドイツのヨーロッパ、世界に及ぼす影響力と責任は冷戦時代と比べてもはるかに大きなものになろうが、ドイツが統一に際して培った近隣諸国や人々の協力に思いを馳せ、今後もドイツが謙虚さを持ち合わせ、ヨーロッパ及び世界の平和と発展に貢献してゆくことを期待したい。

〈年　表〉

一九三八年	三月一二日	ドイツ軍、オーストリアに進駐
	一三日	ドイツ、オーストリアを併合
	九月一四日	ヒットラーとチェンバレンがオーヴァー・ザルツブルクのヒットラーの山荘で会談
	二九日	ミュンヘン会談（ズデーテンのドイツ割譲）
	一〇月	チェコスロヴァキア大統領が辞任
	一一月	第一次ウィーン裁定
一九三九年	三月	スロヴァキア自治共和国へ
		チェコスロヴァキア、ドイツの保護国へ
	八月二三日	ドイツ・ソ連不可侵条約締結、秘密の付属議定書でポーランドの独ソの利益圏を決定、ポーランド東部をソ連に、西部をドイツの利益圏に

	九月　一日	ドイツがポーランド侵攻
	三日	英・仏がドイツに宣戦
一九四〇年	八月	第二次ウィーン裁定
	一一月	ハンガリー、日独伊三国防共協定に調印
	一二月　八日	日本、真珠湾攻撃
一九四一年	六月	英国がハンガリーに宣戦布告
一九四四年	三月	ドイツがハンガリーを占領
一九四五年	五月　八日	ドイツの降伏
	七月一七日	ポツダム会談（〜八月二日）
	八月	ソ連ポーランド西部国境画定
一九四六年	六月	英国元首相チャーチルがスイス・チューリヒで「鉄のカーテン」演説
一九四七年	一月	米英が西ドイツの占領地統合（Bizonen の成立）
	三月	トルーマン米国大統領の「封じ込め」演説（トルーマン・ドクトリン）
	六月	マーシャル米国国務長官がマーシャル計画発表
一九四八年	六月	西側占領地域で通貨改革（ドイツマルクの導入）、次いでソ連占

		領地域（東ドイツ）でも通貨改革
		ソ連の西ベルリン封鎖に対抗して、米・英が西ベルリンへの大空輸作戦実施
	九月	西ドイツ議会協議会、ヘレン・キームゼーにて基本法起草
一九四九年	五月　八日	基本法採択（二三日公布）
	一〇日	ボンを暫定首都に決定
	二三日	ドイツ連邦共和国成立
	九月二〇日	第一次アデナウアー内閣成立
	一〇月　七日	東ドイツ（ドイツ民主共和国）成立
一九五〇年	五月	ロベル・シューマン、欧州石炭鉄鋼共同体（ECSC）設立構想を提案
	七月	ゲルリッツ条約署名（オーデル・ナイセがポーランド西部国境に）
一九五一年	四月	ECSC発足
一九五二年	五月	欧州防衛共同体条約署名（一九五四年八月三〇日、フランス国民議会が批准せず）
一九五三年	六月一七日	東ドイツの労働者蜂起
一九五五年	五月　五日	西ドイツの主権回復

	九日	西ドイツのNATO加盟
	一四日	東ドイツがワルシャワ条約機構に加盟
	一五日	オーストリア国家条約署名（オーストリアは主権回復）
	九月	西ドイツがソ連と外交関係樹立（アデナウアーの訪ソ）
	一〇月	ザール住民投票、ザールは西ドイツに留まる
一九五六年		ポーランド、ポズナンで市民の暴動
	一〇月二三日	ハンガリー革命。ナジ首相、ワルシャワ条約脱退と中立化意図を宣言
	一一月　四日	ソ連の軍事介入でハンガリー革命失敗、以降カーダール・ヤーノシュが第一書記に
一九五八年	一月　一日	ローマ条約発効（欧州経済共同体および欧州原子力共同体ユーラトムの発足）
	六月	ハンガリーでナジ処刑
	一一月	ソ連、西側三連合国にベルリン最後通牒
一九六一年	八月一三日	ベルリンの壁構築
一九六二年	一〇月	キューバ危機、米ソ緊張緩和へ
一九六三年	一月	仏独、エリゼー条約調印

一九六六年	一一月	エアハルト首相選出
	七月	フランスはＥＥＣより代表を撤収（空席政策）
	一二月	キージンガー内閣（ＣＤＵ／ＣＳＵとＳＰＤの大連立内閣、キージンガー首相、ブラント外相）成立
一九六七年	一月	フランスがＥＥＣに復帰（「ルクセンブルクの妥協」）
	六月	イラン皇帝の西ドイツ訪問に対するデモで、学生が射殺される
	七月	ＥＥＣ、ＥＣＳＣ、ユーラトム事務局が統合され、ＥＣ（欧州共同体）に
	一二月	ＮＡＴＯ、アルメル報告採択
一九六八年	六月	西ドイツの非常事態法発効
	八月二〇日	ワルシャワ条約機構軍、チェコスロヴァキアに侵入
一九六九年	七月一日	ハイネマン、西ドイツ連邦大統領に就任
	一〇月	ＳＰＤ／ＦＤＰ（ブラント首相・シェール外相）政権発足
一九七〇年	三月	戦後初めて東西両ドイツ首相の会談
	五月	両ドイツ首相の第二回目の会談
	八月	モスクワ条約調印
	一二月	ワルシャワ条約調印

一九七一年	五月	東ドイツのホーネッカー、ウルブリヒト書記長の後任に
	九月　三日	（西）ベルリンに関する四カ国協定署名
一九七二年	六月　三日	モスクワ条約、ワルシャワ条約、（西）ベルリン四カ国協定発効
	一二月二一日	両ドイツ間基本条約署名
一九七三年	一月　一日	英国等ECに加盟
	七月	欧州安全保障協力会議（CSCE）開始
	九月	両ドイツが国連に加盟
	一二月	西ドイツとチェコスロヴァキア間の条約（プラハ条約）署名
一九七四年	五月	ブラント首相辞任、後任にヘルムート・シュミット首相就任
一九七五年	八月　一日	ヘルシンキにて欧州安保最終文書採択
一九七七年	九月	シュライヤー西ドイツ産業連盟会長、誘拐される
	一〇月	「ドイツの秋」
一九七九年	一二月	NATOの二重決定
		ソ連、アフガニスタンに侵入
一九八〇年	九月	ポーランドで自主管理労組「連帯」が設立
一九八一年	一二月一三日	ポーランド戒厳令
一九八二年	一〇月　四日	西ドイツでヘルムート・コール首相、ゲンシャー外相の内閣が発

		足
一九八四年	九月	コール首相、フランスのミッテラン大統領とともにヴェルダンで独仏不戦の誓い
一九八五年	三月一一日	ゴルバチョフがソ連共産党書記長に就任
	六月	シェンゲン協定署名
一九八七年	一月	ECの単一議定書発効
	九月	ホーネッカー東ドイツ書記長、西ドイツ訪問
	一二月	米ソ首脳会談、中距離核（INF）撤廃条約に署名
一九八八年	五月	ソ連軍、アフガニスタンから撤退開始
	五月	ハンガリーにおいてカーダール書記長が退陣
一九八九年	五月　二日	ハンガリー、オーストリアとの国境鉄条網切除
	六月　四日	中国天安門事件
		ポーランドで戦後初めての大幅な自由選挙
	一六日	ハンガリーでナジ・イムレの名誉回復
	八月一九日	ハンガリー、オーストリアとの国境の町ショプロンでパン・ヨーロッパピクニック実施
	二五日	ハンガリーのネーメト首相、ホルン外相、西ドイツのコール首相

		を訪問
	九月一一日	ハンガリー、国境開放
	三〇日	在チェコスロヴァキアの西ドイツ大使館に籠城する東ドイツ人が東ドイツ経由で西ドイツへ出国
	一〇月　七日	東ドイツ建国四〇周年記念日
	一八日	東ドイツでホーネッカー書記長解任
	一一月　九日	ベルリンの壁崩壊
	一七日	東ドイツ、モドロウ首相就任
	二五日	チェコスロヴァキアのヤケシュ共産党書記長辞任
	二八日	西ドイツのコール首相、一〇項目提案を連邦議会で発表
	一二月　二日	米ソ首脳会談（於マルタ）
	四日	NATO首脳会談
	八日	欧州理事会
	二〇日	フランスのミッテラン大統領、東ドイツ訪問
	二二日	ベルリンのブランデンブルク門開放
	二八日	チェコスロヴァキアでハベル大統領就任
一九九〇年	一月三〇日	東ドイツのモドロウ首相、段階的な統一案（モドロウ・プラン）

	を提示
三一日	ゲンシャー外相、トゥッティング講演
二月一〇日	西ドイツのコール首相、ゲンシャー外相、ソ連訪問
一三日	東西両ドイツと米英仏ソ、ドイツ問題について2プラス4協議開催に合意
二四日	コール首相キャンプ・デービットでブッシュ米国大統領と会談
三月一八日	東ドイツで自由総選挙
四月一二日	東ドイツでデ・メジエール（東のCDU）内閣発足
七月　一日	両ドイツ間通貨・経済・社会同盟発足
二日	ソ連共産党会議（一三日まで）
五日	NATOロンドン宣言（新戦略の検討開始）
一四日	コール首相、ソ連訪問
一五日	コール首相、ゲンシャー外相、コーカサス訪問
一七日	パリでの2プラス4協議にてゲンシャー外相よりポーランド西部国境をオーデル・ナイセ線とする独・ポ条約をドイツ統一後に署名することで合意
八月　二日	イラクのクエート侵略

	三〇日	欧州通常戦力交渉（CFE）において、統一ドイツの兵力上限を三七万人とすることをゲンシャー外相が表明
	九月一二日	2プラス4協議終了
	二九日	両ドイツ間統一条約発効
	一〇月　二日	米英仏ソ、ベルリンおよび全ドイツに関する権利及び責任の終了宣言
	三日	ドイツ統一
	一一月一四日	ドイツ・ゲンシャー外相とポーランド・スクヴィエツキ外相、ドイツとポーランドの国境画定条約に署名
	一九日	CSCE首脳会議（於パリ、～二一日）
	一二月　二日	初めての統一ドイツ総選挙
一九九一年	一月一七日	クエート解放のため米国はじめ多国籍軍の軍事作戦開始
	三月　六日	ドイツ、掃海部隊のペルシャ湾派遣を決定
	三一日	ワルシャワ条約機構の軍事機構解体
	五月	ワルシャワ条約機構解体
	六月二〇日	ドイツの首都をベルリンに決定（連邦議会）
	八月一九日	ソ連で保守派のクーデター、三日で失敗

〈年　表〉

	一二月二五日	ソ連邦解体
一九九三年	一月　一日	チェコスロヴァキア、チェコとスロヴァキアに分離・独立
	一一月　一日	マーストリヒト条約発効、EU（欧州連合）発足
一九九四年	八月	ロシア軍、東ドイツ地域、ベルリンより最終的に撤退
		NATOとロシア「平和のためのパートナーシップ」プログラムに合意
一九九五年	一月　一日	CSCEはOSCEに改組
一九九七年	五月二七日	NATOとロシアの間の相互関係、協力、安全保障に関する基本文書署名
一九九八年	六月　一日	フランクフルトで欧州中央銀行発足
一九九九年	一月　一日	単一通貨ユーロ導入
	三月一二日	チェコ、ハンガリー、ポーランドがNATO加盟
	九月	ベルリンへの首都機能移転完了
二〇〇〇年	五月　七日	ロシアでプーチン大統領就任
二〇〇一年	九月一一日	米国同時多発テロ
二〇〇四年	五月　一日	チェコ、スロヴァキア、ハンガリー、ポーランド、スロベニア、マルタ、キプロス、バルト三国がEUに加盟

二〇〇七年	一月　一日	ブルガリア、ルーマニアがEUに加盟
二〇〇八年	二月一七日	コソボ独立
	五月　七日	ロシアでメドヴェージェフ大統領就任
	八月　八日	ロシアのグルジアへの軍事介入
二〇〇九年	一月二〇日	米国でオバマ大統領就任
	四月　五日	オバマ大統領、プラハで「核兵器のない世界」演説

II　ベルリン首都移転の意味するもの

首都機能がベルリンに戻ってドイツ統一は完成する。

しかし、ドイツが中欧の基軸として周辺諸国から期待される役割を果たすためには、未来を見据えた東西ドイツ住民の〝心の統一〟が必要である。


この（一九九九年）八月一日、日本の在ドイツ大使館がボンからベルリンに移転した。ドイツの首都移転に伴い、議会はじめ政府の諸機関、各国の大使館はすでに着々と新しい都に移っている。大使館がベルリンに移ることによって、静かにその歴史の幕を下ろしたのが在ベルリン総領事館である。

最後の在ベルリン総領事となった筆者は、この総領事館が五五年にわたって果たしてきた歴史的使命を思うと、感慨ひとしおのものがある。

一　ベルリン総領事館の五五年間

一九四三年一月、ブランデンブルク門に近いティアガルテン通りに、新古典様式（人呼んで第三帝国様式）の威風堂々たる（日本の）帝国大使館が完成してから約一年後、ベルリン総領事館が別の場所に開設された。ヒットラー総統官邸からさして遠くないクローネン通り七〇番地である。ときすでに戦況はドイツに不利となっていた。一九四四年六月には連合軍がノルマンディーに上陸、八月にはパリが解放される。ベルリンは空襲に見舞われ、ソ連軍が進駐してくる。総領事館は大使館の敷地内のグラーフ・シュペー通りに引っ越し、砲弾の嵐の中でドイツの終戦を見守った。ドイツ降伏後の一九四五年五月二〇日、残ったわずかの館員は邦人とともに日本に引き上げた。総領事館はここでいったん中断することになる。

一九四九年、ドイツは東西に分裂。米・英・仏・ソの共同管理下に置かれたベルリンは、以来東ドイツという海の中に浮かぶ特殊な島となった。日本は一九五二年四月に西ドイツの臨時首都ボンに大使館を開設、（西）ベルリンに総領事館が再開されたのは一九五五年七月のことだった。場所は、ファザーネン通りのサヴォイ・ホテル内である。その後三度引越しすることになるが、居所がどこであれ、(西)ベルリン総領事館が東西冷戦の情報取得最前線であることに変わりなく、移りゆく時代の流れを見続けた。その歴史は大きく分けて三つに区分できる。

[第一期　一九五五年七月〜一九七三年一〇月]

この時期は、冷戦が最も厳しかった時期である。一九六一年八月一三日の「ベルリンの壁」構築を頂点に、キューバ危機(一九六二年)、ワルシャワ条約諸国軍のチェコスロヴァキア侵入(一九六八年)など、文字通り冷戦の現実が直接、敏感に伝わってきた時期である。やがてブラント政権の東方外交の成果として、ベルリン四カ国協定(一九七二年)、両独間基本条約(同年)が結ばれ、緊張緩和は進んでいった。この時期、総領事館屋根裏の電信室では、総領事がその日の夕食会で米・英・仏の司令官・外交団から得た情報を、夜遅く東京の本省や関係公館に打電する日々が続いた。極東の国日本にとって、ベルリンは東西関係に関する生々しいニュースの入手できる数少ない情報基地だった。

[第二期　一九七三年一〇月〜一九九〇年一〇月]

一九七三年一〇月、日本は東ドイツとの外交関係を樹立、東西間の平和共存も進んでゆくものの、「東」側は西ベルリンの国際的孤立を画し、対して「西」側は西ベルリンの地位の確保に勤めるという構図は変わらなかった。

この時期、日本でもベルリンに日欧の知的交流の拠点を置くべしとの構想が練られ、これがわが総領事館の重要な仕事の一つになった。それは一九八七年、「ベルリン日独センター」として結実した。場所は、修復された旧帝国大使館に置かれた。

一九八九年一一月九日にベルリンの壁が崩壊、一九九〇年一〇月三日、東西ドイツは統一の日を迎えた。

［第三期　一九九〇年一〇月〜一九九九年七月］

東ドイツの消滅とともに、わが総領事館の管轄は、東ベルリンと東ドイツ地域に広がった。そしていよいよ一九九九年八月には、日本大使館が五五年ぶりにティアガルテン通りの旧帝国大使館のあった地に里帰りする。そのベルリンを舞台に、日本はどのような対欧州外交を展開しようとしているのだろうか。

二　「ボン共和国」から「ベルリン共和国」へ

首都移転に伴い、今ドイツの内外から聞こえてくるのは、ドイツが「ボン共和国」から「ベルリン共和国」に変質するのではないかという声である。戦後、臨時首都となったボンは、フランスやベネルックスに近いこともあって、ラテン的とさえいえる明るい街である。「ヴィルヘルム的」（ドイツ帝国を形容）な、肩肘張ったいかめしいベルリンとは異なり、自由な雰囲気が漂う。戦後のドイツは、州に強い権限を残した連邦制を採用し、西側の価値を体現した基本法をもとに、「西ドイツの奇跡」といわれる経済的成功を収めてきた。対外的には、EU（欧州連合）、NATO（北大西洋条約機構）の忠実な一員として、控えめで協調的な、「独り歩き」しない安全保障・外交政策を進めてきた。

「ベルリン共和国」論の中心は、ドイツが内政的に、第二次世界大戦以前の中央集権、全体主義、ユダヤ人迫害のごとき排外主義に戻るのか、そして対外的に、統一後欧州の大国になったドイツが本来の首都に戻って、大国主義、なかんずく、中欧でのヘゲモニーに走るのではないかという議論である。

一九九九年七月一日にボンで開催された最後の連邦議会で、ドイツを代表する政治家は、異口同音にこのようなベルリン共和国論を否定している。事実、戦後西ドイツは議会制民主主義、強い地方分権（例えば、徴税権限は連邦のそれとほぼ同等である）がしっかりと国民の中に浸透していて、この各州の文化・経済の多様性が現在のドイツの特色となっている。ドイツが再び中央集権国家、全体主義国家となることはまずないだろう。

むしろ人々が期待するのは、ドイツの政治家、行政マン、そして言論界・ジャーナリズムが、ベルリンの抱える問題を直視し、ドイツの内的統一が促進されることである。

三　ドイツ外交の新しい機軸

過去に戻る意味での「ベルリン共和国」が誕生することはありえないにせよ、ドイツ外交の軸足が「東」に移動し、ドイツが中欧の中核国家となることは当然予想されることである。

ドイツの著名な政治学者であるアーヌルフ・バリング教授はその著書『ドイツは失敗するのか』の中で次のように問題を提起している。「一八七一年以降のドイツの問題は欧州の中央に位置して、定まった係留点を持たず、いかなる方向に向かうべきか、またいかなる国と同盟するか、明確な見通しを持たなかったことであり、第二次大戦以前のドイツはこの課題を克服できなかった。第二次大戦後は、西ドイツは西側に統合されたうえに、東西冷戦の進行、鉄のカーテンにより、基本的にドイツは『中欧』の責任から逃れてきた。」

その意味で、東西冷戦の終了とドイツの統一により、ドイツは再び古くて新しい課題、すなわち、中欧といかなるかかわりあいを持つべきか、という課題に直面しているといえる。戦前と違ってドイツは、米国との戦略的同盟関係を軸とするNATO体制、そしてフランスとの枢軸関係を軸とする欧州統合（EU）の枠組みにしっかりと結び付けられている。しかし、従来「東」に対抗してきた西側のEU、NATOもその任務や目標は、新しい状況に対応するべく微妙に変化しつつある。NATOの「新戦略概念」の採択、かつての敵であったロシア、ウクライナなどとのパートナーシップ関係と対話の深化、そしてEUの東方への拡大の動きがそれである。この時期に首都機能をベルリンに移すドイツがこれからとるべき道の一つは、自らの地政学的地位にかんがみ、中部欧州の安定に建設的な貢献をすることである。

四　中欧の目指すもの

中部欧州（中欧）は、ドイツとロシア、そしてハプスブルク帝国の中にあって、あるいははざまにあって、その戦略的重要性から、分割、併合、独立、分裂、外部からの干渉など、苦渋に満ちた、複雑な歴史を経験してきた。その一方、文化的・歴史的共通性、一定の経済交流などにより、相当程度のアイデンティティーを保っている地域でもある。歴史をたどれば、中欧を一体として発展させようとする様々な構想があった。たとえば、一九世紀半ば、ハプスブルク帝国側から唱えられたオーストリア・プロイセンを中核とする「中部欧州大経済圏構想」、第一次大戦中の一九一五年、ドイツの政治学者フリードリッヒ・ナウマンが唱えた「ミッテルオイローパ・コンセプト（中欧構想）」（これは、大戦後のドイツ主導の中欧経済共同体の結成を唱えたもの）。第二次大戦中も、中欧連合構想が英国支援の下で、主としてロンドン駐在のチェコスロヴァキアとポーランドの亡命政権の間で話し合われたこともある。これは独ソに対抗するものであったが、八〇年代になり、旧反体制知識人の間から、ソ連の東欧支配を克服し、西欧文明に復帰する強い願いとして、「中欧」に関する議論が再提起された。

最近では、中欧諸国相互による地域協力のイニシアティブも見られる。「中欧イニシアティブ」や「ヴィシェグラード」協力として、ドナウ・アドリア開発や少数民族問題について協議し、中欧自由貿易協定の締結などを行っている。

中欧諸国の「西」側への接近の理由は言うまでもなく、歴史的なロシアの脅威から安全な砦への避難にある。

また、民主化・市場経済化への移行期にあたって先進民主主義経済諸国の支援を得るとともに、その制度的枠組みに入ることによって自らの不確実性から解放されたい思いもある。さらに言えば、旧ユーゴースラヴィアにみられる民族主義紛争の不安に対し、「西」の防波堤の内部に入りたいというのも大きい。

独仏和解を軸として、欧州統合が進展する今日、西欧を発端とする戦争は予想しがたい。近代以降の欧州の混乱や戦争は、ほとんどドイツの安定した位置づけを欠いたことに由来しているといえる。このように見れば、中欧の安定はドイツの安定、そして西欧の安定につながる。

最近、ドイツの指導的政治家がたびたび言及していることは、ドイツが史上初めてすべて友好国に取り囲まれていることと、ドイツ統一も、ハンガリー、ポーランド、チェコの支持なくしてはありえなかったことの二つである。欧州の国々は、NATO、EUという西側の制度的枠組みに中欧諸国を取り込むことに基本的に同意している。しかし、もっともこれを必要としている国、そして、その経済力からしても最大の能力を有している国、そのためのモラルもある国はドイツである。対して中欧諸国もNATO、特にEUへの加盟交渉に当たりドイツの支援を最も頼りにしている。

他方で、そうした期待と裏腹に、ドイツが中欧でその経済力を背景にあまりにも強大な影響力を持つことに対し、強い警戒心が持たれていることも事実である。経済のグローバル化、ユーロの導入に伴い、確かにこの地域におけるドイツとドイツ経済のプレゼンスはますます大きくなってゆくだろう。その過程で、EU加盟後の中欧諸国は、フランスやイギリス、イタリアなどからの支援を必要とするだろうし、こうした国々も、欧州大陸中央のバランス維持のために中欧へ肩入れすることが予想される。

五　ロシアの重要性

中欧の安定性にとって、ロシアとの安定的な関係は重要である。

ロシアがNATOの東方拡大に依然として強い懸念を示している中で、欧州の安定のためにロシアを何らかの枠組みに取り込んでゆくことが重要なことは、最近のコソボ紛争で明らかである。歴史上、多くの中欧諸国はロシアに支配されたり、多大な苦汁をなめてきた。他方、中欧にはスラブ民族も多く、ロシアの芸術に対する愛着などにみられるように、ロシアと中欧は、西欧とロシアの関係と異なる基盤がある。中欧に位置するドイツにとっては、ロシアとの安定した信頼関係を築いてゆくことがますます重要となってゆくだろう。平和的なドイツ統一には、米国の支持とソ連の承認・協力が基本であった。そのことを十分理解しているコール前首相に代わったシュレーダー首相（当時）以下の現政権が引き続きロシアに配慮し、その安定的発展のために努力してゆくことは、ドイツの中欧外交にとって非常に大事なファクターである。

六　中欧の将来

プラハ、ワルシャワ、ブダペストなど中欧の各国首都を訪れてみると、体制移行前の停滞と陰鬱な雰囲気を知る者にはまさに今昔の感がある。もちろん経済改革に伴う高い失業率、社会保障体制の遅れ、改革についてゆけない人々、財政赤字のための賃金未払い問題に加えて、グローバリゼーションへの対応など、様々な問題もある。しかしながら、各国の事情に多少の差があるものの、NATO加盟を果たした国（注―ポーランド、チェコ、ハンガリーなどは二〇〇四年にEUに加盟）をはじめ各国は、次の目標たるEU加盟を目指して前進する勢いがある。

中欧の文化は、パリ、ロンドン、ローマと異なり、どこか愁いをたたえ、人の心を和やかにさせるバロックの華やかさと、過去を引きずるにおいのする文化である。中欧はモーツァルト、ベートーベン、ショパン、スメタナ、バルトークの世界である。これにバッハやルター、クラナッハに代表される東部ドイツのプロテスタント文化やゲーテ、シラーのドイツ古典主義が華を添え、多彩な文化、観光の魅力にも富む。このような歴史・文化的魅力の豊かな地域が、やがてはEU加盟を果たし、さらにバルト三国等に外延を広げるとなるとそこには歴史・文化に加えて、勤勉な教育・技術水準の高い、人口一億近い生産・消費市場が誕生することになる。

それはブリュッセルのEU官僚の手によるものでない、「補完性の原則」に沿った、市民に近い欧州になることが期待される。すなわち、いくつもの地域が相互に競争し、歴史・文化的な結びつきを強め、欧州全体が多様な文化経済をもって栄える姿である。この意味で中欧も欧州の中の多様な地域の一つとして発展してゆくものと思われる。

七　日本の中欧における役割

日本人には中欧は必ずしもよく知られていないが、最近、西欧とは別の魅力を持つ地として、観光客も増加しつつある。また、経済的にも日本の投資がハンガリー、ポーランド、チェコにおいて徐々に増えており、これは東部ドイツにおいても例外ではない。将来の中欧の発展可能性を考えれば、それは日本の役割であり、かつ利益にもなるであろう。中欧地域も、ドイツの大きな影響力をカウンター・バランスするものとして、日本のより一層の経済的参入を期待している。また、中欧の政治的安定は、隣接するロシア、東欧、そして南東欧（バルカン）の不安定要因からの防波堤として、欧州全体の安定につながる。それはまたロシアに安心感をもたらすことになるのではないだろうか。

こうしたことを念頭に、日本は、世界の平和と安定のための重要なプレイヤーとして、この地域とも政治・経済協力の対話を維持・強化してゆくべきである。ひいてはこれが中欧の安定を必要とする欧州への日本の発言力強化につながるだろう。中欧が開かれた欧州の一員となることは、日本や世界の利益である。中欧と日本との間で文化交流を活発化することは、開かれた欧州を実現することに貢献するであろうし、また、豊かな中欧文化の刺激によって、日本人の文化生活をより豊かにすると思う。

＊

私は、最後のベルリン総領事として一九九九年七月三一日、ベルリンを離任した。ドイツの首都機能がベルリンに戻ってドイツの統一は完成した。しかし、東部ドイツの再建と東西ドイツ住民の心の統一はいまだ時間のかかる課題であろう。また、欧州は冷戦後のロシアの将来や東南欧州の民族紛争の行方に多くの不確実性を抱え、新しい平和秩序の構築を模索している。この中で中欧の大国ドイツの果たす今後の役割についての抱負は、ドイツ基本法発布五〇周年にあたってのシュレーダー連邦首相（当時）の声明の中に表れている。

「戦後ドイツの臨時性は最終的に過ぎ去った。我々自身の大陸の発展と、ドイツの増大する国際責任は、ドイツを新しい、苦痛の決定と大きな課題に直面させている。これはコソボ紛争が初めてではない。今日ドイツは欧州および大西洋のパートナーとともに全欧州における安定、人権、そして平和的発展を促進し、実行する直接的義務を有している。」

このシュレーダー首相の言葉に、シュミット元首相の言葉、「我々の隣人は、ドイツ人が将来に向かって責任を自覚し、再びドイツが大きな間違いを犯した過去や、ナショナリスティックな暴力行為に戻ることなきよう心掛けることを期待している」（「公的道徳を求めて」より）を重ねることによって、ドイツは未来と過去のバランスを取りながらこれからの道を進んでゆくだろう。

以上は、一人の外交学徒の個人的な見解であることをお断りしておく。

（一九九九年一〇月記）

III ラ・プラタ海戦記

——独小型戦艦アドミラル・グラーフ・フォン・シュペー号の最期

一

一九九九年一二月一三日の夕べ、南米、ウルグアイ東方共和国の首都モンテビデオにおいて、「ラ・プラタ海戦六〇周年」記念の会が同国駐在ドイツ及び英国大使の主催、ウルグアイ海軍の協力の下に開催された。筆者は、日本国大使として各国の大使らとともに参列した。記念の会はウルグアイ海軍幕僚長のあいさつ、ウルグアイ人歴史学者による当時の状況の説明に引き続き、英独大使によるあいさつ、そしてカクテルという比較的簡素なものであった。両国大使のスピーチもかっての大戦の敵が、今日、ともに欧州統合の牽引車になっているというものであった。

しかし、参列者の中には年老いた当時の小型戦艦アドミラル・グラーフ・フォン・シュペー号の乗組員の一員や、その家族と思われる人々も居り、感慨深いものであった。

二

アドミラル・グラーフ・フォン・シュペー号は、第一次大戦で敗北したドイツがヴェルサイユ条約によって一万トン以上の戦艦の建造を禁止されたことを受けて他の二隻の同型艦（Deutschland, Admiral Scheer）とともに建造され、一九三四年進水、三六年に任務に就いた。一一インチ砲六門を備え、当時のハイテクを備えた新鋭艦であった。艦長ラングスドルフ（Hans Langsdorff）は一八九四年リューゲン島ベルゲン町に生まれ、デュッセルドルフ市ガルテンシュトラーセに育ち、三七年以来シュペー号の艦長に就任していた。

シュペー号は三九年八月二一日、静かにWilhelmshavenを南大西洋に向け出港した。他国のいかなる船舶との接触も禁じられていた。ときはドイツのポーランド侵攻が必至とみられ、シュペー号も欧州の情勢の発展に備えて、大戦の開始の場合は、敵の商艦の撃沈を任務としていた。九月一日、ドイツ軍はポーランドに侵入し、九月三日、英独は戦争状態に突入した。以来シュペー号は一二月一三日までの間、南大西洋およびインド洋上で九隻の英国商船を捕獲、撃沈した。英国海軍は必死になってこの敵船の行方を追った。

そして、三九年一二月一三日早暁、ウルグアイ東方海上で遂に三隻の英巡洋艦 Exeter,

Ajax, Achilles はシュペー号を発見、砲を交えるに至った。シュペー号は、Exeter を戦闘不能にするも、自らも砲弾を舷に受け、二隻の英巡洋艦に追われる形で夜一一時モンテビデオ港に補修のため入港した。途中、モンテビデオの東方一三〇キロ、ラ・プラタ河湾と大西洋を隔てる著名な避暑地プンタ・デル・エステ（一九八六年、この地でGATTウルグアイ・ラウンドが開催されたことは日本でも有名である）沖で戦火を目撃した灯台職員が、モンテビデオの新聞社へ通報したことによりニュースはたちまち世界中に広まり、以後ウルグアイ人はもとより、世界中の目がモンテビデオに集まることになる。何しろ欧州から遠く離れた南米大陸で、大戦の戦闘が初めて展開されたのである。

三

しかし、モンテビデオでシュペー号とラングスドルフ艦長を待っていたのは、厳しい外交戦であった。当時ウルグアイは欧州の戦争に対しては、他の全アメリカ大陸諸国とともに中立を宣言していたが、伝統的に親英的な国であった上に、駐ウルグアイ英国公使ユージン・ミリントン・ドレイク（Eugene Millington Drake）は優秀な外交官であり、三四年には英ウルグアイ文化協会を設立するなど、ウルグアイ国内に深く広い人脈を有していた。

しかも、ウルグアイの外相グアニ（Guani）とは二〇年来の友人で、かつてグアニは駐英国公使も務めた親英家でもあった。対するウルグアイ駐在のドイツ公使オットー・ラングマン（Otto Langmann）はナチスが任命したプロテスタントの牧師であり、外交官としてのキャリア、経験とも英国公使に見劣りした。

英国公使ミリントン・ドレイクは素早かった。一四日午前、グアニ外相に対し、シュペー号の二四時間以内の退去と、さもなければ、ウルグアイ政府が同艦を拘留することを要求した。入れ替わるように、次いでグアニ外相と会見したラングマン公使は、再び航行可能となるまでシュペー号の一四日間の滞留を要求、これに対し、グアニ外相はウルグアイの調査団の調査結果を待ちたいとし、さらにドイツ側の質問に対し、三六名のシュペー号乗組員の遺体のモンテビデオでの埋葬と六〇余名の負傷乗組員の入院・治療を認めた。戦闘で死去したシュペー号乗組員の埋葬は一五日、ウルグアイ海軍の栄礼の中に執り行われた（葬儀の際、ラングスドルフは、ナチ式の敬礼ではなく、ドイツ軍の敬礼を行った由である）。

ウルグアイ大統領バルドミル（Baldmir）はシュペー号に七二時間の修理の時間を与え、ウルグアイからの退去期限を一七日二〇時とする大統領令に署名した。英国は、ウルグアイに対して更にシュペー号を拘留するよう要求する一方で、フォークランド島より英巡洋艦Cumberlandをラ・プラタ近海に派遣し、Ajax, Achillesなどにより迎撃態勢を整えた（英情報機関は、数隻の英艦がラ・プラタに集結しているという情報を流したといわれる）。更に、モンテビデオ港から英貨物船を一六日一八時に出航させることにより（ハーグ条約では中立国の港に停泊中の一方の艦船は交戦相手国の商船がその港から出航して二四時間以内に出航してはならないことになっている）、シュペー号を湾内に閉じ込めるか、仮に出航するにしても事実上出航の時間帯を一七日一八～二〇時に限定させてしまった。ドイツ側はシュペー号の受けたダメージが深く、航行可能となるためには一四日間が必要としてウルグアイ大統領令の撤回と、ドイツ公使と大統領の直接面談を要求したが、グアニ外相は再考の余地なしとして、これを拒否した。

これを踏まえてベルリンとモンテビデオにおいてドイツ側の対応について、シュペー号の軍事上の機密が英国側に漏れることを阻止することを前提に、水深の浅いラ・プラタ湾の外に出て潔く自沈するか、ドイツ海軍の伝統を守り、敗戦を覚悟の上で一隻でも英国海軍に損害を与えたうえで敵の砲撃を受け撃沈するかを巡って激しい議論が行われた。そして、ベルリンからはヒットラー総統の同意の下に、ウルグアイ領海（当時は三マイルが一般的であった）外に出て効果的にシュペー号を破壊するよう命令を受けた。ラングマン公使はこれを受け、グアニ外相に対し、停留期間の延長を要求し、さもなければドイツの武力行使もありうることを示唆したといわれる。

艦長ラングスドルフは第一次大戦を経験した優秀な、尊敬される海軍軍人であった。戦争の中でも人命は尊重すべし、というのが彼の持論で、事実シュペー号が撃沈した英国商船の乗組員は全員安全であった。ラングスドルフは、全乗組員に対し、勝ち目のない戦いで千余名の人命を失うことを避けシュペー号を領海の外側で自爆させ、乗組員はタグボートにより対岸のブエノスアイレスに脱出する方針を明らかにした。

四

一七日一八時四五分、数十万人の群衆が見守る中をシュペー号は夏の夕日をあびて、モンテビデオ港を出航、ゆっくりと西に向かった。同じ頃、ドイツの商船タコマ（Tacoma）がひそかにモンテビデオの港を出航したことは群衆の注意を引かなかった。実は一六日の夜以降、厳しい監視の目を縫ってシュペー号の乗組員を積荷に装ってタコマに乗り移す手はずが進行していた。そして更にブエノスアイレスのドイツ大使館の指示により一七日早朝、アルゼンチンの旗をつけた三隻のタグボートがブエノスアイレスを出港し、一九時三〇分にはモンテビデオ港の沖合四マイルに錨を下ろしたシュペー号の左舷に接近した。自爆装置をセットし、シュペー号に別れを告げ、ラングスドルフ艦長以下乗組員がタグボートに乗り移った。タグボートは、さらに三キロ沖合に停泊していたタコマに接近した。一九時五四分にシュペー号は自爆した。次々と起こる爆発によりシュペー号が沈んでゆく中で、夕闇に紛れてタコマから乗組員を移して三隻のタグボートはブエノスアイレスに向かった。モンテビデオ近海において、ウルグアイ海軍コルベット艦サピカンに発見され一時停止を命ぜられたが、スギーラ艦長はラングスドルフの説明を受け入れ、ブエノスアイレス行きを認めている。

ラングスドルフ艦長をはじめ、千余名の乗組員は翌一八日朝一〇時ブエノスアイレス港に入港した。

二〇日未明、ラングスドルフ艦長は海軍兵器庫内に与えられた部屋で自害した。艦長は艦と運命を共にするという軍人の栄誉と、乗組員の命を救うという人道主義を守った覚悟の死であった。

ラングスドルフ艦長は、モンテビデオ港出航に先立ち、モンテビデオ市民が示した友好的姿勢に感謝する一方、ウルグアイ政府がシュペー号が航行可能となるまでの修理の時間を与えず、また、修理を妨害さえしたことは、ハーグ条約の戦争をできるだけ人道的にせんとする努力に明確に違反するとして抗議するとともに、出航期限を尊重するがシュペー号をこのような国の政府のコントロールの下に置くことはできない、従ってシュペー号は領海外で自爆し、多くの乗組員の人命を救うという方法をとる以外の道がなくなった、というウルグアイ外相に対する書簡を手渡すようラングマン公使に委託している。

五

因みに、グラーフ・フォン・シュペー号の名は第一次世界大戦中、フォークランド沖海戦で命を落としたグラーフ・フォン・シュペー独海軍提督の名に由来する。ベルリンのティアガルテンにあるイタリア大使館と（旧帝国）日本大使館を隔てる通りの名はドイツ統一後広島通りと改名されたが、それまではGraf von Spee Strasseであったことを付しておく。

ラングスドルフ艦長がウルグアイ政府の七二時間以内の退去命令に強く異論を持ったのには、第一次世界大戦中の一九一四年に英国海軍巡洋艦グラスゴーがドイツ海軍との戦闘中、中立国ブラジルのリオ・デ・ジャネイロ港で八日間の停泊を認められたことが念頭にあった。このグラスゴー号は、その後グラーフ・フォン・シュペー提督が戦死したフォークランド海戦に参加することになる。

現在、モンテビデオには八六歳を最高にシュペー号乗組員の五名が存命である。そして、モンテビデオ港には、アドミラル・グラーフ・フォン・シュペー号の引き上げられた錨が、ラングスドルフ艦長の言葉「今日、われわれが守るべき理想よ、不朽なれ」とともに安置してある。

（二〇〇〇年五月記）

Ⅳ 中欧散文

一　ハンガリーのEU加盟

二〇〇四年五月、ハンガリーは他の中欧諸国とともに、EU（ヨーロッパ連合）に加盟した。五年前の一九九九年にNATO（北大西洋条約機構）への加盟を果たしており、これによって名実ともに欧州の一員になった。

中欧諸国とバルト三国のEU加盟は、第二次大戦後の「鉄のカーテン」によって東西に引き裂かれた欧州分断の終焉を意味する。

ハンガリーは一九八九年五月、ショプロン郊外のオーストリアとの国境の鉄条網の一部を開放したことから、その年の一一月の「ベルリンの壁崩壊」のきっかけを作った。またハンガリー経済は一九六〇年代末から、社会主義体制の枠の中で、経済改革を始めていた。このような先駆的行動を思えば、八九年以降の体制転換過程を経てEU加盟を実現したことは、ハンガリーの努力の帰結といえる。

ハンガリーの歴史を振り返ると、紀元一〇世紀、イシュトヴァーン国王はキリスト教に改宗し、これを国教とすることで流浪の民であったハンガリー民族を欧州に帰属させ、中欧の覇者としての地位を確保することになった。しかし、一六世紀以降三〇〇年にわたるオスマン・トルコによる蹂躙とオーストリア帝国による支配を経て、ようやく一八六七年の「妥協（アウスグライヒ）」によりオーストリア・ハンガリー二重帝国の時代を迎えた。それ以降の五〇年間の繁栄の時代は、やがて第一次世界大戦によって消滅し、敗戦国として国土の三分の二を失うことになった。さらに、第二次世界大戦に敗戦し、それ以降冷戦の終了までソ連の支配下に置かれた。この間、一九五六年には、ソ連の支配下から離脱を目指した「ハンガリー動乱」が、ソ連の戦車に踏みにじられるという苦い経験を持つ。

こうして見ると、今回のEU加盟によって、ハンガリーは千年にわたる歴史の中で、漸くにして、戦争と圧政からの自由を獲得し、安心して経済の発展と個人的自由、人権確保に専念できる「制度」としての欧州に身を落ち着けることができたといえるのではないかと思う。

ハンガリーにとって、二〇世紀の大半は苦渋に満ちたものであった。その発端が、第一次世界大戦の戦後処理を取り決めたトリアノン条約（一九二〇年）にあることは衆目の一致するところである。民族自決権を主唱するウィルソン米国大統領の提案に従って、ハンガリー王国内のルーマニア人、スロヴァキア人、クロアチア人、セルビア人を解放、独立させるという表向きの理由で、フランスが盟友ルーマニアの国土拡大とセルビアを支持し、チェコ人政治家マサリクの巧妙な国際的運動によってチェコスロヴァキアの独立が達成され、ハンガリーは二〇万平方キロの領土を失い、近隣諸国に数百万人のハンガリー人が取り残された。歴史的にも例を見ない無惨な平和条約を結ばざるを得なかったのは、列強諸国や周辺民族の思惑もあるが、敗戦直後の国内の混乱でハンガリーが強力な外交交渉力を欠いていたことにも原因があろう。

それから八〇余年の今日なお、これらの国境外のハンガリー人を支援し、本国との文化・生活水準の格差を解消することが、ハンガリー外交・内政の主要課題になっている。私はハンガリー着任当初から、ハンガリーの人たちに、時代錯誤と思えるほどの強烈な愛国心を感じていたが、以来ハンガリーの歴史を学ぶにつれ、それも無理なからんと理解するに至っている。スロヴァキアがハンガリーと同時にEUに加盟し、数年後にルーマニアやクロアチア、そしていずれセルビア・モンテネグロ（注―モンテネグロは、二〇〇六年に独立した）がEUに加入することになれば、国境の壁が消滅し、ハンガリー民族分断の苦悩は大幅に緩和されることになろう。ＥＵ加盟は短期的には、ハンガリーの農業分野に困難をもたらし、競争激化による問題を引き起こすだろうが、中長期的には、所得水準の向上、インフラ整備、経済力の上昇をもたらし、ハンガリーに一層の繁栄をもたらすものと考えている。

二　中欧の復権

中欧諸国は、ロシア、ドイツ、オーストリアなどの大国の干渉を受けながらもヨーロッパの歴史的・文化的な一体性を築いて来た。

一三三五年、ドナウ河畔のヴィシェグラード（当時の首都）では、ハンガリー国王がポーランド王とボヘミア王との間の紛争を調停し、中欧の安定と経済通商の発展を図ろうとした。これに因んで、ポーランド、チェコ、ハンガリー、スロヴァキアは体制転換後、「ヴィシェグラード４」として、協調関係を進めてきた。

第二次世界大戦後の冷戦下、欧州は「東欧」と「西欧」に分裂し、「中欧」概念は消滅した（一九七〇年代からＮＡＴＯとワルシャワ条約諸国の間で始まった中欧における通常戦力削減交渉―MBFR―の対象地域は「中欧」とされたが、それは、オランダ、ベルギーからノルウエー、ブルガリア等を含む、広い「政治」的地域を対象としている)。しかし、この冷戦下でも、例えばチェコのミラン・クンデラ、ハンガリーのジョルジュ・コンラードなどの作家の間で、中欧文化ないし中欧文化圏(Mitteleuropaeischer Kulturraum)が語り続けられてきた。

一八世紀以降、この地域はオーストリア・ハプスブルク支配下で、共通の文化圏を形成してきた。この中欧の文化は、西欧のそれとどこかが違う。憂いをたたえ、人の心を和ませ、バロックの華やかさと過去を引きずる香りがする。中欧の音楽にも造詣の深い小林研一郎氏は、「中欧の文化とは、懐かしい心の和む、居心地の良い香りのする文化」と形容した私の見解に、大きく頷いてくださった。ハンガリーに着任して訪れたセーケッシュフェフェルヴァール、ヴェスプレム、ショプロン、セゲド、ヴァーツの町並みはそういう雰囲気を漂わせている。

中欧はまた、モーツァルト、ベートーベン、ハイドン、ショパン、スメタナ、リスト、バルトークの世界である。これをドイツ、さらに東ドイツ地域にまで広げると、バッハ、ルターのプロテスタント文化、ゲーテ、シラーのドイツ古典主義の世界が広がってくる。

抑圧と人工的・政治的分断の数十年を経て、人間の尊厳と個人の自由の尊重、文化と芸術活動の自由が保障され、経済の回復が進めば、再び中欧が復権し、その文化も花開く時を迎えるのではないだろうか。

三　中欧への道：三十年戦争

私が初めて中欧の歴史に触れたのは、一九六六年の夏である。大学在学中に、留学生として一年間、西ドイツ・フライブルク大学に学んだ。帰国を前にして、学生寮の友人ペーターの両親の住むヴュルツブルク近くの町を訪れた。今では観光地としてよく知られる「ロマンチック街道」のところどころにある十字架のキリスト像と、傍らの小さなチャペルを指しながら、「このあたり一帯は三十年戦争で徹底的に破壊され、荒廃の地になったんだよ」と、ペーターが説明してくれた。黄金色に色づいだ一面の麦畑と、遠くにバロック建築の教会の塔が見渡せる平和でのどかな風景に、まるでそぐわない悲惨な歴史の光景を脳裏に浮かべた。高校の世界史の教科書でほんの数行触れられるだけの「三十年戦争」の場に立ったという不思議な感覚にとらわれたのを覚えている。

一九八〇年代初め、外交官として西ドイツのボンからチェコスロヴァキアの首都プラハに赴任した。プラハとチェコは中世から近代の歴史の宝庫である。

一七世紀初め、ボヘミア（首都プラハ）王は、オーストリア・ハプスブルク皇帝が兼ねていた。カトリックのオーストリア支配に反発したボヘミアの新教徒貴族が、オーストリアから派遣されていた役人をプラハ王宮の窓から突き落としたことが発端（一六一八年）となり、新旧キリスト教徒や、オーストリア、フランス、バイエルン、スエーデン等の世俗権力を巻き込んだ戦争が欧州大陸で繰り広げられることになった。

ボヘミアでは、戦争二日目に、プラハ郊外の「白山の戦い」で、ハプスブルク・旧教側の勝利に終わった。その後、戦争は全欧州大陸に拡大、三十年間続いた。この戦争の勝利国フランスは、その後欧州大陸の国家秩序（オランダ、スイスの独立を含む）の形成を主導し、他方で主戦場となったドイツは国土の荒廃と多数の領邦国家の分立に苦しみ、統一国家樹立は一八七一年まで待たねばならなかった。

私はその後、デュッセルドルフ総領事を勤めたが、管轄下のミュンスター市にある「ウエストファリア平和の間」（ウエストファリア平和条約が締結された場所）をしばしば訪れることができた。

三十年戦争への興味は、その戦争の中で数奇な運命をたどった人間の生き方にも注がれる。その代表的な人物は、ワレンシュタイン（ドイツ語ではヴァルトシュタイン）であろう。新教徒ボヘミアの傭兵隊長ワレンシュタインは旧教への改宗と富豪の未亡人との結婚によって財を成し、軍略の才を発揮して、ハンガリー、ボヘミア、北部・東部ドイツを駆け巡り、ハプスブルク皇帝軍の中で頭角を現し、将軍の地位と伯位を得た。一六三二年には、ニュルンベルク近郊の戦いでスエーデン王グスタフ・アドルフと争い、皇帝から稀代の英雄として認められた。その一方で、和平を画し、ボヘミア王を狙っているという疑いを掛けられ、部下の手で一六三四年に暗殺された。

私がプラハ在勤当時、文化遺産は荒れ放題になっていた、プラハ王宮の下にあるワレンシュタイン宮殿もしかりであったが、それでも雪降る寒い冬空のプラハでは、その美しさは際立っていた。ワレンシュタインが暗殺された町ヘブ（ドイツ名エガー）も、暗く物悲しい影が色濃かった。彼を悲劇の英雄とみるか、一級の外交官とみるか、それとも強欲で権力に取りつかれた男とみるか、いろいろな見方があろうが、変転する当時の中欧の歴史に翻弄された人間の一人であることは間違いない。

四　「マリーエン・バートの悲歌」

ドイツ・ワイマールの文豪ヨハン・ヴォルフガング・フォン・ゲーテは、壮年以降、湯治と岩石・地質研究の目的で、十数回にわたり、西ボヘミアの温泉地カールス・バート（チェコ名カルロヴィヴィバリ）やマリーエン・バート（チェコ名マリアンスケラズネ）を訪れた。一八二一年から二三年のゲーテのマリーエン・バート滞在は晩年のゲーテの人生に大きな刻印を残すことになった。二一年に七二歳となったゲーテは、宿泊先で若き未亡人アマーリア・フォン・レヴェツォと十数年ぶりに再会する。アマーリアはウルリケ（一七歳）をはじめ、三人の娘を帯同していた。ゲーテの関心は若くて健康なウルリケに向かう。彼女に、シュトラスブルク研修中にゲーテが出会ったフデリケとの思い出（「野ばら」に結集する）が重なり合ったに違いない。

二二年と二三年の夏、マリーエン・バートではゲーテが連日ボンボンやチョコレートを携えて、ウルリケに地質学を教えたり、詩を朗読して聞かせたりする姿がみられた。ゲーテの心は恋から結婚へと膨らんでいった。この話はワイマールの息子とその嫁に伝わるこ

ワイマールにあるゲーテのガルテンハウス（ドイツ通信提供）

とになり、やがてゲーテが仕えるワイマール公は、それとなくアマーリアに、ゲーテとウルリケとの結婚の可能性を問い合わせている。

二三年八月、アマーリアは突然三人の娘とともに、カールス・バートに宿を移したが、ゲーテもその後を追った。夏も終わりに近づいた八月二八日、ゲーテとレヴェツォ親子は、連れ立って郊外の渓谷の町、エルボーゲンに遊び、レストラン「白鳥亭」で昼食を共にした。テーブルの上には「ウルリケ、アマーリエ、ペトラ」の三人姉妹の名が刻印され、レヴェツォ夫人は「私どものこと、そしてご一緒したことを、いつまでも思い出にしてください」と語りかけたという。この日、ゲーテは七四歳の誕生日を迎えた。夏の終わりとともに、九月五日、ゲーテはカールス・バートを後にした。これがカールス・バート、マリーエン・バートそしてウルリケとの最後になった。既にゲーテは別れを感じ取り、「悲歌」の著作に着手していた。ワイマールに戻ったゲーテは、病みがちとなり、以後八二歳で亡くなるまでここで過ごした。文豪ゲーテの最後の恋はこうして終わった。

今でも、マリーエン・バートの公園の片隅に、ゲーテと少女ウルリケが、心なしか憂いをたたえて佇む像がある。また、エルボーゲンの「白鳥亭」の中には、ゲーテとレヴェッオ母子が語らう壁画がある。ウルリケ・フォン・レヴェツオは生涯独身を通し、北ボヘミアのティプリッァの修道院にて九一歳で没した。死の年、ゲーテとの関係について、「恋愛関係とは言えなかった」と語ったという。

五　「ドン・ジョヴァンニ」

批評家小林秀雄の「モーツアルトのこと」を読んだのは、高校時代だった。大学入試によく出るというのが動機であったが、街の雑踏の中でモーツアルトの交響曲40番の冒頭の旋律を耳にした印象の描写が鮮明であった。そしてモーツアルトにとって、ト短調が特別

モーツアルト生誕の地ザルツブルク

の意味を持っていたということも知った。
モーツアルトのオペラ「ドン・ジョヴァンニ」に本格的に興味を持ったのは、プラハに在勤してからである。
モーツアルトは、一七八七年二月、プラハで自作「フィガロの結婚」を指揮し、大好評を博した。「フィガロ」は前年五月にウィーンで初演されたが、評判は芳しくなかった。皇帝や貴族たちは宮廷貴族社会を批判したものと捉えたし、サリエリ等の音楽界のボスたちの様々な嫌がらせや妨害、ウィーン人の保守性に突き当たったためであった。しかしプラハはウィーンと違い、アンチ・ウィーン気質も働いて、新しく自由な市民社会の台頭を歓迎する人々が、モーツアルトのこのオペラを受け入れた。

ピアニストで作曲家、そして資産家でもあるドゥシェック夫妻もその一人であった。夫人のヨゼファは著名なソプラノ歌手で、モーツアルトの生地ザルツブルクの出身であった。モーツアルトとは、彼がミュンヘン、イタリアへの演奏旅行に出かける前の一七七七年、ヨゼファが里帰りで出会って以来の仲であった。宿と食事の一切を提供したトゥーン伯爵やドゥシェック夫妻たち友人をはじめとし、町中が、「フィガロ」、「フィガロ」を口ずさむ中、プラハはモーツアルトにとって、ウィーンとは違う憩いの街となった。

プラハ郊外のベルトラムカにドゥシェック所有の別荘があった。「ドン・ジョヴァンニ」作曲・初演のためプラハにその年九月到着したモーツアルトは、ほとんど毎晩パーティー三昧、刻々と初演の日は近づいていた。いよいよ明二八日のゲネ・プロを控えて、未だ序曲も完成していないことを心配したドゥシェック達は、一計を案じて、モーツアルトを、プラハ郊外のベルトラムカの別荘の一室に閉じ込めた。モーツアルトは夜を徹して作曲し、朝の七時にようやく歌劇「ドン・ジョヴァンニ序曲」が完成した。かくして、「ドン・ジョヴァンニ」は一〇月二九日に初演され、大成功に終わった。モーツアルトは、「私のプラハは私を理解してくれた」と喜びを現したという。

プラハでの大成功にもかかわらず、ウィーンでは「ドン・ジョヴァンニ」の初演は翌年五月のブルク劇場の公演まで待たなければならなかった。ウィーンでは依然として、モーツアルトに対して冷淡であった。皇帝ヨゼフⅡ世も、「『フィガロ』に比してましだが、『ドン・ジョヴァンニ』はウィーン人の舌に合わない！」と評したと言われる。ある貴族の館で催された批評会の席で、ただ一人を除いて、全員が「ドン・ジョヴァンニ」に否定的な見解を述べた。その唯一の例外がハイドンであり、彼が「モーツアルトは最も偉大な作曲家である」と述べた由で、その一言に他の出席者全員が口をつぐんだという。

かくてプラハは「モーツアルトの街」になった。その後、モーツアルトは一七八九年四月、ベルリンへの旅の途中にも短時間プラハに滞在した。モーツアルトの最後のプラハ訪問は一七九一年の夏の終わりで、皇帝レオポルドⅡ世のボヘミア王の戴冠式に歌劇「皇帝ティトの慈悲」を作曲・初演するためであった。この時モーツアルトはミサ曲「レクイエム」と歌劇「魔笛」の作曲中だったが、初演を終えウィーンに帰るモーツアルトは顔色が悪く、気分は落ち込んでいたという。既に死の病に冒されていたのだろう。この年の一二月、「レクイエム」未完のまま、永遠の眠りについた。

モーツアルトの死の年に生まれた末っ子フランツ・クサヴィーア・ヴォルフガング（後にヴォルフガング・アマデウスと改名）は、音楽の才を欠いていたが、母コンスタンツェに教育され、五歳の年、プラハで「パパゲーノの歌」を歌ったという。その後、彼はドゥシェック夫妻に預けられて教育され、やがて音楽家として活動し、一八四四年、カールス・バートで五五歳で病に没した。今でも彼の墓はカールス・バートの「モーツアルト公園」の片隅にある。

プラハ在勤中、私にとって最も大きな楽しみは、「ドン・ジョヴァンニ」が初演された劇場で、この歌劇を観ることであった。社会主義体制下で、能力のある声楽家や音楽家が「西」側に亡命していたが、すでに盛りは過ぎていたと思われるがバリトン歌手のカレル・ベルマンの「レポレロ」は渋く味わいの深いもので、これが初演の頃とほとんど変わらない場面で歌われるのを味わえることは、こたえられないものであった。

しばしば訪れたベルトラムカもくすんだ雰囲気をたたえ、二〇〇年前を偲ばせるものであった。たまの週末、大使館の屋根裏部屋の宿直室で、どこからか聞こえてくる弦楽器の音色に、「モーツアルトの街」を実感し、二〇〇年前を想像して夜を更かしたものであった。

考えてみれば不思議なことだが、現在、ウィーンでモーツアルトを弾いたり歌ったりすることは大変なリスクであるといわれる。それだけ、ウィーン人はモーツアルトの音楽について、耳が肥えているということか。そうだとすれば、モーツァルトに対して冷たく当たったウィーンが大きく変わったということなのだろう。

六　「マイヤーリンク」とハンガリー

一八八九年一月三〇日早朝、ウィーン郊外マイヤーリンクにあるオーストリア皇太子ルドルフの別荘で、皇太子と一七歳の男爵令嬢マリア・ヴェチェラが遺体となって発見された。二人の死は共に自らの命を絶ったものとみられたが、完全には他殺説も否定されておらず、謎の死とされている。

ルドルフはすでにステファニー王女と結婚しており、ルドルフとマリアの死は、皇太子と少女の不倫の恋の結末として、「うたかたの恋」という映画にもなっている。皇太子ルドルフの死は、世紀末という「時」と重なり、オーストリア・ハプスブルク王朝の行方にも暗雲をもたらすことになった。もっとも傷ついたのは、母であり、皇后であったエリザベート（シシー）であっただろう。窮屈なウィーンの宮廷生活を嫌ったシシーは、ますます放浪の旅に傾き、一八九八年九月、スイスはレマン湖畔で、イタリア人の狂人ルチェニの犠牲となり、六〇年の生涯を閉じた。

皇太子ルドルフの死は、シシーの作ろうとした歴史の挫折をも意味したであろう。

一八六六年、オーストリアはビスマルクのプロイセンと争い、七月、プラハ郊外のケーニヒグレーツの戦いに敗れた。オーストリア主導の大ドイツ主義は挫折し、同国は帝国の活路を東に向けざるを得なくなった。

ハンガリーでは一八四八・四九年、オーストリアからの独立を目指してコシュートたちの革命が起こされたが、弾圧されて失敗した。しかし、その後も、ハンガリーの自治を求めるアンドラーシ、デアークたちの運動は激しさを加えていた。シシーは皇帝フランツ・ヨゼフ妃となって以来、ハンガリー語に習熟し、ハンガリー民族への同情を募らせていた。アンドラーシやデアークとの交遊がそれに輪をかけた。特に、デアークは控えめで静かだが、非凡な才能を持った政治家で、亡命先からしきりにオーストリア帝国への革命を呼びかけるコシュートと違い、帝国内でハンガリー人の権利を拡大するという現実路線を主張していた。

プロイセンに敗れ、弱体化したハプスブルク帝国は、デアークたちにとってチャンスであった。他方、ハプスブルクにとっては、西のプロイセン・ドイツとともに東のロシアに対抗してゆくために、血気盛んで強固な団結力を誇るハンガリーを取り込む必要があった。ハンガリーと妥協し、ハンガリーに権限をより委譲することをためらう皇帝フランツ・ヨゼフに対し、シシーはデアークとアンドラーシと会って話し合うよう、ブタペストからの書簡で皇帝を説得し、そして「これはルドルフのためでもある」と結んでいる。シシーの仲介により、オーストリアはハンガリーと「妥協」し、一八六七年六月八日、オーストリア・ハンガリー帝国が誕生することになる。

皇太子ルドルフは母親の影響もあってか、ハンガリーに同情と親近感を持っていた。ハンガリー内の民族問題にも通じており、それだけに、国内のルーマニア人、スロヴァキア人、セルビア人などの少数民族の誇りや苦悩についてハンガリーの支配層が無関心であり、その無知を改めないことに警告を発していた。

ルドルフの死は二重の意味でハンガリーの運命とかかわってくると言えないだろうか。一つには、ルドルフの後に皇太子となったフランツ・フェルディナンドが一九一四年六月、妃とともにサラエボで暗殺され、これを契機にオーストリア・ハンガリー帝国は第一次世界大戦へと突入し、敗北する。その二は、ルドルフと違って、フランツ・フェルディナンドはハンガリー民族を嫌い、理解しようとしなかったという。

歴史にイフ（もしも）は禁物であるが、その後、二〇世紀に辿ったハンガリーの苦難の歴史を見るにつけ、あの「マイヤーリンク」がなければ、ハンガリー、いや、中欧の歴史も、あるいは違ったものになっていたかも知れない。

（二〇〇四年六月記）

V　西ドイツ留学、外交官として各在勤地で思ったこと

一　フライブルク留学時代（一九六五年八月―一九六六年八月）

一　私自身は、当時日本の財界が作ったサンケイ・スカラシップ（英・仏・米・西独に大学生が一年間留学する制度）で、西ドイツ・フライブルク大学に留学した。最初の二カ月はミュンヘン郊外にあるゲーテ研究所でドイツ語の研修をした。大学では、簡単な面接試験を受け、それに合格して入学した。その頃のフライブルクには五〇名ほどの日本人がいて、ほとんどはフライブルク音楽大学に私費留学していた音楽学生であった。

二　一一月初め、大学の外国人課が組織した安いベルリン旅行があり、初めてベルリンに旅行した。当時学生旅行は、バスに乗り、ほぼ一二時間かけて西ドイツのハノーヴァー近くから東ドイツを通るアウト・バーンで西ベルリンに着くものであった。のんびりと西ドイツの中を走っていた我々が、俄かに緊張したのは、西ドイツから東ドイツに入る東ドイツ検問所の検査である。我々の乗ったバスに東ドイツの国境警備隊の三人ぐらいが拳銃を持って乗りこんで、パスポートを取り上げる。取り上げる際にじっと写真と本人を照合する。その顔つきが実に怖い。パスポートを取り上げられて延々五時間ほどバスの中で待たされる。ドイツ人の学生もいたが、彼らは事情をよく知っているのか、ビンを用意しており、その中に用を足すのである。女子学生たちは、許可を得て外へ出て、茂みの中へ消えていた（こうした東ドイツの嫌がらせはしばしば行われていた）。

初めて見る西ベルリンは、さすがに後にみた東ベルリンの暗さと違っていた。ショーウィンドーも、西側らしく煌々と明るく、中心街のクウア・フュールステン・ダム通りは一晩中人通りが絶えなかった。

西ベルリンから東ベルリンに行くため、初めてチェックポイント・チャーリーを通ったり、電車で行ったりした。東ベルリンは折からの雪に埋もれ、暗い雰囲気であった。通る人々の表情はあくまでも暗かった。私はあるとき、東ベルリンの青年に声を掛けられた。初めは彼も共産党に対する不満を述べていたが、そのうちに彼は私を教会の陰に連れてゆき、西ドイツ・マルクを売ってくれないか、というのである。私は、危ないと思って急いでその場を去った。そのような東ドイツの経験をした後の西ベルリンはあくまでも明るく、ほっとしたものである。後年外交官として西ベルリンに赴任し、東ベルリンの事情を担当することになろうとは、そのときは夢にも思わなかった。

三　フライブルクでは初めて在外に学ぶ韓国人と付き合った。当時は、やっと日本と韓国との基本条約が合意された、戦後まだ二〇年のことであった。日本は一九一〇年から終戦まで韓国を植民地にしていたという経験があり、その当時の韓国人との付き合いには随分気を使う必要があった。ある時、韓国人の尼僧が私ども日本人と韓国人を韓国の手料理に招いてくれ、それを機会に親しく喋るようになった。

四　フライブルク大学は外国人との交流を促進しており、私も「国際音楽のサークル」に入った。イラン人、トルコ人、タイ人、インドネシア人、台湾人などがそれぞれの国の音楽を披露するクラブであった。台湾人とは特に親しくなった。当時、中国との外交関係では、日本は台湾を唯一の合法政府としており、台湾人の方でも日本人の私に特に偏見を持っていなかったので、こちらの方も気が楽であった。退職後も私は台湾を訪れ、その友人たちと旧交を温めた。

五　後にドイツ人が反外国的だと盛んに言われるが、当時の西ドイツ人は非常に外国人に気を使っていた。ある日、フライブルクの市電の運転手は私に突然、「次の日曜日に家に遊びに来ないか？」と言って招待してくれた。私は、なぜ？と思いながら言われたとおりに彼の家を訪ねた。奥さんと二人の子供と一緒に昼食をいただきながら談笑した、楽しい思い出である。だから一緒くたにドイツ人が反外国的だとはとても思う気にはなれない。

六 フライブルクの思い出には、ハイエク教授との出会いがある。私は、ドイツに留学経験のある東大の教授の依頼で、ハイエク教授の夫人に日本語を教え、代わりに、夫人からドイツ語を教わった。一週間に一度という割合であった。私たちのドイツ語と日本語の勉強を終えると（ハイエク夫人は、オーストリア・ウィーン出身で、彼女のドイツ語は若いドイツ人のドイツ語と違うといってよくドイツ人の学生と論争をしていた。オーストリア・ウィーン人のドイツ語とドイツで喋るドイツ語は時として若干異なることもウィーン勤務の時に気付いた）、ハイエク教授が大学から戻られ、三人で談笑し、時々教授の運転で郊外のレストランに行き夕食をご馳走になった。教授と経済学の話をしたことはないが、教授が、高崎山のサルの生態について非常に関心を持っておられたことを覚えている。「サルのボスがどうやってボスの地位にのし上がるか」という問題であったと思う。教授と議論になった問題は、日本の事情を私の方から説明し、日本の学生運動について触れたとき、教授の知人について私の説明が批判的だったかもしれない。このとき教授は少し私に反論されようとしたが、夫人が、「まあ、稲川さんの見解をもっとよく聞いたらどうか」とやんわりと教授を諭した場面があった。

また、帰国後、教授から教授が主催しておられたモンペルラン・ソサエティーの東京での会合に呼ばれたが、その頃は、私もすでに外交官試験に向かって猛勉強を始めており、教授の招待にも外交辞令ぐらいに考えて会合にはゆかなかった。羽田空港に教授夫妻を見送った時、教授から「待っていたのに」と言われて申し訳なく思った。思えば招待に応じて出席して教授はじめ出席者と言葉を交わしていれば、あるいは私の進路も違ったものになったかも知れない。教授がその後ノーベル経済学賞を受賞される大経済学者だとは正直言って知らなかった。

七　当時すでに西ドイツでは、アウト・バーン（高速道路）が整備されており、西ドイツの自動車工業は随分発展していた。これは当時の日本の事情とは大分違い、またこれを反映してか、西ドイツでの時間感覚というか距離感は信じられないものであった。郵便物も信じられないほど速く遠く離れた場所まで迅速に届いた。

八　西ドイツ人の生活ぶりも当時の日本から見れば豊かなもので、特に住生活は、私のドイツ語の家庭教師をしてくれた学生が間借りしていた家主は年金生活者であったが、貧しくはあっても余裕のある広いアパートの持ち主であった。

二　チュービンゲン大学の学生時代

一　当時の日本の外務省では、上級職は、外務省に入省した後一年間本省での実務の勤務を経て、在外に外交官輔として派遣されることになっていた。在外公館に在勤を命ずるが、実際には外国の大学で二年間留学することになっていた。語学研修が第一で、その間自分の好きな専門科目を履修することになっていた。私は、西ドイツのチュービンゲン大学でヨーロッパ法を研究することにした。そんなわけで私は、一九六九年一〇月より四学期間チュービンゲン大学で研修した。

二　チュービンゲン大学では、はじめ欧州の統合の歴史について勉強した。私の指導教授は、夫人が日本生まれのドイツ人ということもあって、極めて日本びいきで、私にも終始好意的であった。授業中の私への最初の質問は「OECDへの初めての欧州外の加盟国はどこか?」というものであった。

当時のゼミナールは夜八時から二時間行われ、私は、日本とECの通商問題について報告した。当時まだECの発展については将来がはっきりせず、通商交渉も日本ではどちら

チュービンゲンの街、ネッカー川のほとり

かというと西ドイツなどのEC構成国との交渉の方が手っ取り早いという見解だった。EC、そしてEUがこんなに発展しようとは考えがたいものであった。そういう意味でもEU諸国の、目標を立て何とか妥協をしつつ、英知を結集して統合を進める努力には脱帽する思いである。

三　研修の最後の頃、ドイツ人の友人とハンガリーに旅行したことがあった。ハンガリーでは、友人のハンガリー人の父親が所有するバラトン湖の別荘を借りて滞在した。ある夜、友人の西ドイツ人、ハンガリー人が連れてきた東ドイツ人夫婦と一緒に各国の民謡を歌う会を催した。その際に、ドイツの古い民謡を歌うとき、西ドイツ人が恥ずかしそうに小さな声で歌うのに、東ドイツ人が楽しそうに声をはっきりさせ歌っていたのが印象的であった。また、バラトン湖畔は、夏の季節、東西ドイツ人の会合の場となっていることにも気が付いた。

三　(西) ベルリン総領事館時代

一　一九七一年七月末、チュービンゲン大学での研修を終え、ボンの大使館にあいさつを済ませた後、ベルリンの総領事館に着任した。着任当時、ベルリンに関する米・英・仏・ソの四大国による「(西) ベルリンに関する四カ国協定」が締結間近で、連日のように各国の交渉大使の記者会見が催されていた。中でも、アブラシモフ駐東ドイツ・ソ連大使は「ente gut, alles gut (鴨がよければすべてよし)」などと茶化して言っていたのが印象的であった。彼は、「終わり (ende) よければ、すべてよし」というつもりだったのであろう。

二　私の仕事は、総領事が夕食会で得た情報を後で口述筆記し、電報の案文に書き直し、それから電信官を呼び出し、電信官が電文を漢テレ (当時、パソコンという便利なものはなかった) で打ち暗号を掛けるのを手伝うというものだった。漸く家に帰るのは、真夜中の

ドイツ分断・統一の象徴ブランデンブルク門

二時過ぎであった。それでも、ベルリンからの電報は重要である、という使命感のようなものがあり、日々充実していた。

三　私の担当は、毎日東西の新聞を読んだり、ラジオを聴いたり、情報ソースから聴取したりして東ドイツの動静を探ることであった。

毎年春と秋に東ドイツのライプチッヒで国際見本市がある。東ドイツにとってもそれは自国を宣伝する最高の機会であり、それだけに外国人も比較的容易に東ドイツに入国できた。私はこの機会を利用して東ドイツの中へ入ることにした。東ベルリンに事務所を置いている懇意にしているスエーデン人の旅行会社に、身分は学生として、見本市を観に行きたいと依頼し、東ドイツに入国した。東ベルリンから東ドイツに入り、フランクフルト・アンデア・オーダー、ライプチッヒ、ワイマール、アイゼナッハ、ドレスデンなどを回った。ライプチッヒでは、労働者風の一般市民の家を根城にして約一週間滞在した。宿屋の主人は人のいい夫婦で、日本人と聞くと喜んでいろいろのことを話してくれた。市内のレストランでは東ドイツ人にビールを奢りながら東ドイツのことを聞いた。彼らの多くは、東ドイツ・国家のことをよく言わなかった。西ドイツから離れれば離れるほど東ドイツの人々の家には高いアンテナがあり、西ドイツのテレビを見ている様子がうかがわれた。

もっとも、私の車の番号は西ベルリン総領事館番号だから、東ドイツ官憲は、当時国際的な認知を強く求めていたので、私が東ドイツに入っていることを見て見ぬふりをしていたのかも知れない。

四　ボン大使館一等書記官時代

一

最もショッキングな出来事は、赴任直後の七七年秋、後に「ドイツの秋」と呼ばれる、西ドイツを襲った一連のテロ事件と西ドイツ政府の対応だった。

三人のテロ犯が西ドイツ・シュタムハイム刑務所で自殺した、というニュースにわが同胞の一人や多くの人々が耳を疑った。自殺には西ドイツの官憲が関与しているかもしれないともいわれたが、そのような疑問が出てくるほどドイツの過去への強い懸念が感じられた。それにしても、事件に対するシュミット首相の決断力には本当に敬服した。

二　一九七八年一二月ごろ、イラン事件にわが国も翻弄された。わが大使館の隣に在西ドイツ・イラン大使館があり、我々は毎朝出勤するたびごとに、隣はどうなっているだろうかと気になった。

私は当時大使館で政務に属し、中近東も担当していたので、西ドイツ外務省のイラン担当官と常時接触していた。家が近所だったせいもあり、彼とは家族ぐるみで付き合っていた。一九七九年正月二日、年賀のためとイランの情勢が気にかかって、外務省に彼を訪ねると、えらく消耗していたので「何かあったのか？」と尋ねたところ、びっくりするような事実が判明した。米・英・仏・西ドイツがイラン在住者の救出作戦を準備しているようだった。消耗の理由は、各国と国内との調整のためらしい。そのニュースを本省に連絡したところすぐに返事が来て、その計画にわが国も参加したいので、西ドイツに参加を頼めという。訓令だからと思い、担当官のところに行って頼んだところ、さすがに困ったらしかったが、とにかくわが国の来訪を歓迎する、ということになった。二月初め同僚と二人で会合場所へ出張して、わが在留邦人を助け出してほしいと懇請した。というのは、日本はその当時自衛隊機を邦人救出のためにイランに派遣することができず、他方で民間機はそんな危険な依頼は受け入れることができないと断ったので、米・英・仏・西ドイツに頼まざるを得なかったのである。ある国の代表は露骨に、西ドイツの代表に向かって、「日本はお前の友人だろう。それならお前が面倒を見ろ」と発言していた。当方は極めて居心地が悪かったが、それでも何とか依頼だけはしてきた。九〇年代に在留邦人の便宜のためにわが国は自衛隊機をインドネシアに派遣したが、その当時はそれが難しかったのである。

五　プラハ時代

一

一九八〇年六月にチェコスロヴァキアのプラハに赴任した。当時のチェコスロヴァキアは共産党支配の時代であり、しかも「プラハの春」弾圧後一〇数年しかたっておらず、街は暗く、食料品の入手にも大変な苦労が必要だった。プラハの人たちは、街にバナナが出ると聞くとカバンを片手に長い行列に立ってやっと手に入れる、という有様であった。

八一年に一時帰国をして東京の果物屋の店先に沢山のバナナが並んでいるのを見て、彼我の大きな違いを知る思いであった。当時、ハンガリーの方がその点進んでいて、マーケットに出ている商品は、ブタペストの方が豊かであった。もちろん、相対的な問題であったが。

二　チェコスロヴァキアに赴任すると、間もなくポーランドの連帯労組の動きにチェコが猛烈に神経をとがらせていることが判明した。チェコスロヴァキア共産党の機関紙「ルデ・プラボー」は連日ポーランドの動きを強い非難で報じていた。当時チェコスロヴァキアは、六八年のチェコ事件の「正常化」の真っ盛りで、ポーランドの動きの波及を極度に恐れていた。だから、毎朝の新聞会議はチェコスロヴァキアがポーランドの動きをどのように見つめているのかを館員たちで分析していた。ソ連がいつの時点で介入するのかも大きな関心事であった。私は、西ドイツ武官を始め武官たちともワルシャワ条約軍の演習についても意見交換していた。

日本の在チェコスロヴァキア大使館にはいわゆる駐在武官はおらず、各国、特にNATO諸国の駐在武官との意見交換は不可欠であった。ドイツ語ができた私は西ドイツの駐在武官と親しくなり、いつの間にか日本の駐在武官のように扱われ、月一回の昼食会にも参

プラハ遠景

加し、わが家にも彼らを招くようになった。あるときには、わが家に彼らとともに東ドイツの武官も招いた。初めは警戒する雰囲気が双方にあったが、そのうちに打ち解けて話すようになり、終わってから、西ドイツ武官から東ドイツ武官を呼んでくれたことを感謝された。武官の仕事も大変で、ときには尾行を巻くために女装をして家を出て野宿をしながらチェコ部隊の動きを偵察するのだという。この武官とは、夕方西ドイツ大使館の周りを散歩しながら、情報交換をした。

この時期の経験から、一九八九年九月末、大勢の東ドイツ人が在プラハの西ドイツ大使館の中に籠城し、ついに西ドイツに出国したのは、手に取るように想像できる。

三　ポーランド情勢は緊迫の度合いを増し、ワ

ルシャワ条約軍の軍事介入もあり得る情勢になってきた。そうした一九八一年一二月一三日の日曜日早朝、現地職員からの電話で起こされた。現地職員からの電話はめったにない（電話が盗聴されているということは常識であった）だけに何事かと思ったが、電話に出てみると、ポーランドで戒厳令が発動されたので、これは参事官（当時の私の称号）に報告した方がよいと思い電話をした由であった。すぐに大使館に出勤し、続々と集まってくる館員と協議をし、今後の対応を検討した。その結果、ポーランド語を理解する館員がポーランド放送を聞き、それを日本語に訳して本省に報告するという方法をとった。しかし、当時の戒厳令下の在ポーランド大使館はすべての通信手段を切断され、本省はもとより、外部との連絡は一切できなくなっていた。私は一計を案じ、在プラハのポーランド大使館の次席を訪ね、わが館員の在ポーランド日本大使館訪問を可能とするよう要請した。その次席は私の目の前でポーランド外務省と電話連絡し、翌日、私の要請を本国が受け入れたことを連絡してきた。館員数名がポーランドのわが国大使館を訪問し、邦人の無事を確認したことは言うまでもない。

四　プラーグ・リーグという西側有力国の次席の会合があったが、その会合で「憲章77グループ」の裁判を傍聴して、チェコスロヴァキア当局に圧力を掛ける話が持ち上がった

ことがあった。人権問題は、ヘルシンキ最終文書調印以来、西側では東側への攻勢の重要な手段になっていたので、ハベルなど「憲章77グループ」の裁判を西側の有力国が傍聴すれば、チェコスロヴァキアの人権抑圧に有力な圧力になると考えたのである。しかし、チェコスロヴァキアの人権問題について我々は必ずしも良く理解しているわけではなかったので結局裁判の傍聴には欠席した。人権問題についてもっと深く研究しておくべきであった。

実際、人権問題では、チェコスロヴァキア当局の姿勢は厳しく、私どもとちょっと付き合ったチェコ人は当局の呼び出しを受け、したたか殴打されたという。

六　オーストリア時代

一　一九八七年一一月にオーストリアに赴任した。翌年は、ワルトハイム大統領の戦中のナチ将校としての経歴が明らかにされ、これを契機にオーストリアのナチ・ドイツとの向き合い方が問題になった。それまでは、オーストリアはナチの犠牲者とみなされ、その過去にはあまり立ち入らなかった。それがワルトハイム大統領の過去が明るみに出て、オーストリア自体の過去の姿勢も問題になったのである。

昭和天皇崩御の際のワルトハイム大統領の参列が、天皇の第二次世界大戦への姿勢を再度問題にしないかと、心配されたり、他方、米国はワルトハイム大統領をウオッチリストにあげて今後の入国を拒否するという情勢であった。現に、第二次世界大戦前、ドイツがオーストリアを併合したとき、大多数のオーストリア人は大歓迎した。

この問題はその後オーストリア内部で検討された。オーストリアがユダヤ人迫害に対する償いもして、その態度を変更したという。

二　オーストリアの中・東欧に対する態度は非常に柔軟であって、オーストリアという国は、これらの国々から多くの難民を受け入れ、彼らに寛容な態度を示した。因みにウィーンの電話番号にある人々の名前には、チェコなど中・東欧系の名前が多いという。いかにウィーンに中・東欧からの移民が多いかがわかる。

八九年に冷戦が終わった時、しばらくの間、ウィーンでは中・東欧の人々の電車の運賃を無料にした。八九年一二月、ルーマニアで悲劇的な暴動が起こった時には「トンネルの中の光」という義捐キャンペーンを展開した。

三　私が驚いたのは、八九年の一一月初め、まだベルリンの壁が崩壊していない頃、オーストリア外務省の幹部と意見交換をしていた際、その幹部が、「ベルリンの壁は落ちた」と言っていたことである。ベルリン問題については私も一家言あると思っていただけに、その発言に冗談だと高をくくっていたが、よく考えれば、その年の五月二日（ハンガリーとの国境の鉄条網を切った）にはベルリンの壁の運命は決まっていたようなものであったし、一一月の初めには、チェコスロヴァキアが東ドイツ人に西ドイツへの出国を認めていた。ベルリンの壁は事実上落ちていたのである。オーストリア人の情勢分析が優れていたことに改めて敬服した次第である。

因みにベルリンの壁が落ちたニュースを、私は、その晩パーティーから帰った後にテレビで見た。最初、ドラマを見ているのかと錯覚したほど、信じられないものであったが、西ドイツの連邦議会議員が議会で立ち上がって、ドイツの国歌を歌っている場面が映し出されて、やっとこれが現実に起こっていることなのだと悟ったものだった。

七　ボン大使館公使時代

一九九一年春に、私はボン大使館の公使として着任した。新しいボン大使館はごく最近移転したばかりであった。ドイツ統一が一九九〇年秋に実現したのに、ボンの新大使館への引っ越しは、一九九一年春にやっと実現したのである。似たような状況はほかの国の大使館でもあり、中には、未だ建設中の大使館もあったほどである。そうした時期だけに将来の首都機能がボンに留まるのか、それともベルリンに移るのかは大きな関心事であった。

一九九一年六月に行われた連邦議会の議論の行方を、我々は固唾を呑んで見守った。ボンは、ドイツの西側との統合、連邦主義、慎重なドイツの例で象徴されるように、戦後の新しいドイツを象徴するような首都であった。他方、昔のベルリンには、中央集権主義、プロイセン的な軍国主義、国粋主義、拡張主義、ユダヤ人撲滅などの悪いイメージがあった。しかし、ベルリンは「壁」の崩壊、ベルリン空輸作戦などを通して常にドイツ統一のシンボルであったし、東ドイツ人への配慮も必要であった。またヨーロッパ分断の克服のためにも、自ら分断を経験したベルリンは、首都として相応しかった。私自身は、分断のさなかにベルリンに身を置き、東ドイツに住む人々の苦悩を少しでも知っているだけに、連邦議会がベルリンを新しい首都に決定したとの報に接し、正直言って当然な気がした。

八　デュッセルドルフ総領事時代

デュッセルドルフは、戦後日本が西欧、ドイツとの主として経済交流を進めてきた拠点であった。最近では、ロンドン、パリなどに日本人がより多く住んではいるが、当時（九〇年代前半）デュッセルドルフにはおおよそ七〇〇〇人の日本人が住み、日本企業は商社を含め四〇〇社以上の陣容を誇り、同地から中・東欧、西欧全体・中近東・アフリカを観ていた。

デュッセルドルフ市目抜き通り

日本人社会は、ドイツ人社会との友好関係も深く、私が総領事として在勤していた当時、日本人とデュッセルドルフ市、ノルトライン・ヴェストファーレン州の友好を促進するために「日本週間」を共同で開催したが、三者の協力ぶりは見事なものであった。ヨハネス・ラオ州首相は今上陛下御夫妻を迎えるなど終始在留邦人に好意的だったし、日本週間の最中には公邸を訪れ、邦人の琴の演奏に聞き入ってくれた。私がハンガリー大使の時、ハンガリーをドイツの連邦大統領として公式訪問され、パーティーで気付いたラオ夫人の案内で改めてハンガリー大統領夫妻に紹介され、両大統領としばしば親しく懇談した。出会いとは本当に貴重なものと感じ入った。私は生涯にわたって、この地における日本人社会とともに働いたことを誇りに思う。

九　ベルリン総領事時代

一　ベルリン　私がベルリンに総領事として勤務していた当時、ベルリンは着々と首都としての準備を行っていた。もはや壁もなく、東に自由に行けるようになったのは夢のようであった。かつて、さびれていた東ベルリンも活気を呈し始めており、他方、西ベルリンは七〇年当時の活気は見られなくなっていた。私は、仕事柄東ドイツの人々との付き合いも多く、地方に行って、新しい会社の建物の傍らに古ぼけた旧東ドイツ時代の工場を見るにつけ、時代が変遷していることを感じた。新連邦州（旧東ドイツのことをそのように呼んでいた）の人々とのお付き合いは頻繁であったが、なかでもブランデンブルク州のマ

ベルリン公邸での送別パーティ

ンフレート・シュトルペ州首相とは親しく接し、統一に至るまでの教会や反体制派の人々の活躍を直接伺う機会があった。新連邦州の幹部は一様に「西」の出身者であり、確かに東西ドイツ人の精神的融合には時間がかかると感じられたが、たとえ二〇年三〇年かかろうとも、ドイツ統一をドイツ人、特に東ドイツの人々の大多数が歓迎していることから、いつの日かドイツの精神的融合は実現するものと信じている。

二　ドイツの過去　ドイツが統一され、ベルリンに首都機能が戻ってくる決定がなされた後、一九九〇年代後半になって、ベルリンのヒットラー官邸のあった中心部にドイツのユダヤ人虐殺を記憶するために「追憶の場」を建設する話が持ち上がり、その構想をめぐって議論があった。二一世紀初頭、その場所には広大な「追憶の場」が出来上がっているが、それは、日本人には墓石を連想するコンクリートの塊の連続である。これを美しいとみるかどうかは個人の主観であるが、当時テレビ番組で、ドイツ人とアウシュヴィッツが常に結びついて想起されることを巡って興味深い論争があった。出席者の一人ヴァルツァーが、ドイツ人が繰返しユダヤ人虐殺に触れてわびるのはもはや「儀式」となっており、そろそろいい加減にしたい、というような発言をしたことが契機となって、ドイツのマスコミに批判・同調の意見が寄せられた。この問題は、戦後常に議論の対象になってきた。ちょうど日本でも、総理大臣の靖国神社公式参拝が中国との間で議論となっていた。日本のある有力な意見として「ドイツ人は、第二次大戦中の残虐行為を常にナチのせいにしているが日本の場合はそれがない」というものであった。

ドイツの過去については、一九八五年五月八日、ドイツ終戦四〇周年にあたって、当時のドイツ連邦共和国のヴァイツェッカー大統領が、「過去を克服することはできない、民族としての罪はない、あるとすれば個人的なものである、重要なことは過去を記憶することであって、過去を記憶することができないことは『盲目』であることを意味し、現在そして将来を考えることが可能になるためには、過去を忘れないことである」、というような趣旨を連邦議会で演説している。

私は、日本人としての罪を問うことはできない、ただし、過去を正確に記憶することによって将来の道を間違えることなく歩むことができると考える。

一〇　ウルグアイ大使時代

一　グラーフ・シュペー号のラ・プラタ海戦五〇周年についてはⅢに譲りたいが、南米のウルグアイにも、戦前、戦中、戦後とドイツから多数の人々が移住していること、そしてドイツ出身の人々が現地で指導的な地位について、ウルグアイ人として活躍していることを経験した。当時のウルグアイ大統領は現地のドイツ学校の卒業生で、私はこの大統領とはドイツ語で話をしていた。その意味で、言葉を使う教育の重要性を感じた。

二　日本庭園のこと　二〇〇一年は日本・ウルグアイ外交関係樹立八〇周年であった。ウルグアイという国は、スペイン、イタリア文化の影響が強く、日本文化は正直言ってよく知られていなかった。そこで、日本・ウルグアイ関係、就中経済関係の強化に努める一方、文化関係を一歩でも進めようと思っていた。

モンテビデオの日本庭園

着任早々挨拶に来たウルグアイの方から日本庭園建設の希望が出たので、日本商工会議所をはじめモンテビデオ市や各界の協力を得つつ、ほぼ二年かかって日本庭園を完成させ、モンテビデオ市に寄贈できた。私の出身地である中津川市にもご協力願い、同市の商工会議所で私が講演するのと引き換えに同市の石灯篭の寄贈を受けた。日本庭園は平成苑と名付けられ、当時の内親王のご出席を得て開園式の式典を行う予定にしていたが、不幸なことに二〇〇一年九月一一日の米国同時多発テロの関連で、内親王のウルグアイ訪問は中止となり、開園式も主役を欠いた劇のようにさみしいものであった。しかしウルグアイの日本庭園は好評なようで、幸いウルグアイの小学校の中には修学旅行のプログラムに入れている学校もあるというし、新婚さんの写真撮影の場所にもなっているという。

二　ハンガリー大使時代

一　ハンガリーではどこに行っても日本人だというと友好的な出迎えを受けた。日本・ハンガリーの将来の友好を考えて、賢人会議のようなものを考えた。日本側の議長には、現在の経団連会長になられた方を得られ、立派な報告書が作成され、当時の両国首相に報告された。

二　ハンガリーを旅して、ドナウ川の東西で発展の相違があること、首都ブタペストと地方都市では相当な発展の差があること、などが感じられた。

三　ハンガリーで最も印象に残ったことは、ハンガリー革命五〇周年行事に出席したことであった。その結果私の得た結論は、あのハンガリー革命が如何にハンガリー人の間に大きな傷跡を残したかということと、五〇年たっても未だその対立は克服できていない、ということであった。ハンガリーでは社会党自身が体制転換を主導し、比較的スムーズに体制移行が実行されたが、他方で、重要な情報は共産党の後身である社会党に偏在し、国民の社会党への不満も温存されることにつながっている。これが現在の激しい左右の対立として残っている。

このような問題は、多かれ少なかれ、中欧の体制移行後の問題として共通のものがあると思う。

二　現在思うこと

一　二十数年在外に生活し、外から日本の生き方を見つめてきた者として、日本の総理大臣がここ数年来一年足らず、あるいは一年余で変わってきていることは残念に思う。ドイツにしても、統一交渉時コール首相は七年首相の座にあり、外相のゲンシャー氏に至っては一五年以上もその地位にあり、外国首脳とは知己ないし一目置かれた存在であった。長ければいいというものではないが、日本の場合はいかにも短かすぎる。これでは、外国政府が現政権が果たして約束を守ってくれるだろうかと考えても不思議ではない。日本の存在は、日本人一般が考えるよりも大きく重要である。日本の首相がもっと長くその地位にあり、日本国民もそのことを真剣に考えて総選挙に臨むべきではないだろうか。

二 東日本大震災、福島原発第一号機の事故と日本

二〇一一年三月一一日の東日本大震災、それとともに起こった東京電力福島第一原発の事故は、日本のこれからを根本的に考え直す契機となった。戦後日本の歩んだ道のすべてではないが、日本人の生き方、生活様式に根本的な見直しが必要な気がする。戦後日本が歩んだ高度成長、東京一極集中、便利さ、快適さ、使い放題のエネルギー、日本の安全保障は大丈夫だろうか？　これらが本当に人間生活にとって必要だろうかを今一人一人が問う時ではないだろうか？

今、日本中が思考している。私自身、もちろんすべてを考えたわけではないが、日本に示された世界各国の好意を考えると、日本は世界の中で協調して生きてゆくという、戦後これまで歩んだ道、すなわち、世界平和に尽くし、民主主義を守り、政府開発援助などを通し世界の発展に貢献する道を歩んでゆくべきであろう。日本が世界から孤立して生き抜くことはできない。安全保障についても、米国との同盟関係をしっかりと堅持してゆくべきであろう。そして、電力エネルギーに関しても、地震、津波の多いわが国においては、これからの世代に福島第一原発事故のような犠牲を強いることのないように、今から再生エネルギーの開発・応用・研究・投資に一〇年、二〇年先を見据えて投資し、原子力発電への依存度を下げてゆくべきであろう。他の国には、原子力発電を継続してゆく国もあろ

う。こういう国でいったん事故があれば、近隣諸国、日本に影響がありうる。そうした事態も考えて、わが国は、原子力発電の安全性についての研究・開発は続けるべきであろう。

〈主要参考文献〉

（1）ドイツ史一般

H. A. Winkler; „Der lange Weg nach Westen", Verlag C. H. Beck Muenchen 2000（邦訳『自由と統一への長い道I、II』後藤俊明等訳、昭和堂、二〇〇八年）

トニー・ジャット、森本醇訳『ヨーロッパ戦後史（上）（下）』みすず書房、二〇〇八年

渡邊啓貴編『ヨーロッパ国際関係史〔新版〕』有斐閣アルマ、二〇〇八年

（2）ドイツ統一

鹿取克章『神のマントが翻るとき』武田ランダムハウスジャパン、二〇一〇年

Der diplomatische Weg zur deutschen Einheit, Kiesler/Elbe suhrkamp taschenbuch 2629, 1996

（3）西ドイツの東方政策

Boris Meisner, „Die deutsche Ostpolitik 1961-1970", Verlag Wissenschaft und Politik Koeln, 1970

Wardemar Besson, Die Aussenpolitik der Bundesrepublik, R. Piper und Co. Verlag, 1970

（4）回想録

Konrad Adenauer, „Erinnerungen 1945-1953, 1953-1955 1955-1959, 1959-1963 Fragmente", dva

Willy Brandt, „Erinnerungen", Propylaeen 2002

Helmut Kohl, „Ich wollte Deutschlands Einheit", Propylaeen, 1996
Hans Modrow, „Ich wollte Ein neues Deutschland", dietz berlin 2. Auflage 1998

(5) 中 欧

パウル・レンドヴァイ、稲川照芳訳『ハンガリー人』信山社、二〇〇八年

稲 川 照 芳（いながわ・てるよし）

1943年　岐阜県生まれ
1968年 3 月　東京大学法学部卒，在学中西ドイツ・フライブルク大学留学
1968年 4 月　外務省入省
1969年 7 月　西ドイツへ
1969年10月から1971年 7 月までチュービンゲン大学にて研修・留学
1971年 7 月—1973年 8 月　ベルリン総領事館副領事
1977年 8 月—1980年 6 月　ボン大使館
1980年 6 月—1982年 5 月　チェコスロヴァキア大使館
1987年11月—1991年 2 月　オーストリア大使館
1991年 3 月—1992年 7 月　ドイツ大使館
1992年 8 月—1995年 7 月　デュッセルドルフ総領事
1997年 9 月—1999年 7 月　ベルリン総領事
1999年 8 月—2002年 9 月　在ウルグアイ特命全権大使
2003年 9 月—2006年11月　在ハンガリー特命全権大使
この間，本省在勤中，条約局，欧亜局，情報文化局，国際情報局，中南米局，総合外交政策局軍備管理・科学審議官組織に勤務
2006年12月　外務省退官
2007年 1 月以来スズキ株式会社顧問，中欧研究所代表
2008年 4 月以来昭和女子大学客員教授

欧州分断の克服——外交現場からの手記

2011（平成23）年10月31日　第 1 版第 1 刷発行

著　者　稲　川　照　芳
発行者　今　井　　　貴
　　　　渡　辺　左　近
発行所　信山社出版株式会社
〔〒113-0033〕　東京都文京区本郷 6-2-9-102
電話　03（3818）1019
FAX　03（3818）0344
Printed in Japan

印刷・製本／松澤印刷・渋谷文泉閣

ISBN978-4-7972-2593-8　C3231